100 Jahre Ernst Petershagen

Eine Delmenhorster Geschichte

Delmenhorster
Schriften
23

100 Jahre Ernst Petershagen

Eine Delmenhorster Geschichte

ISENSEE VERLAG
OLDENBURG

Bibliografische Information der Deutschen Bibliothek
Die Deutsche Bibliothek verzeichnet diese Publikation in der Deutschen Nationalbibliografie; detaillierte bibliografische Daten sind im Internet über <http://dnb.d-nb.de> abrufbar.

ISBN 978-3-7308-2188-6

Gedruckt bei Isensee in Oldenburg

Oberbürgermeisterin Petra Gerlach

Grußwort

Delmenhorst verbindet

Liebe Leserinnen und Leser,

es ist mir eine besondere Freude und Ehre, im Rahmen dieser Ausgabe der Delmenhorster Schriften das 100-jährige Bestehen der Firma Ernst Petershagen GmbH & Co. KG würdigen zu dürfen. Dieses Jubiläum ist ein beeindruckendes Zeugnis unternehmerischen Mutes, von Beharrlichkeit und Innovationskraft.

Mit nur vier Mitarbeitern gründete Ernst Petershagen am 15. April 1925 das Unternehmen, in einer Zeit, die sehr durch die Aus- und Nachwirkungen des Ersten Weltkrieges geprägt war. Schon damals zeigte sich die visionäre Kraft und der unerschütterliche Glaube an eine positive wirtschaftliche Entwicklung. Obwohl die Weltwirtschaftskrise Ende der 1920er Jahre die allgemeine wirtschaftliche Entwicklung dämpfte, wuchs die Firma weiter und beschäftigte bereits 1939 fünfzig Mitarbeiter.

Trotz der Widrigkeiten des Zweiten Weltkriegs und der Baukrise Ende der 1960er Jahre zeigte das Unternehmen bemerkenswerten unternehmerischen Weitblick und Anpassungsfähigkeit.

Ein bedeutender Wendepunkt in der Firmengeschichte war die Umwandlung in eine GmbH & Co. KG im Jahr 1971 unter der Leitung von Karl-Heinz Schaffarzyk. 1975, anlässlich des 50-jährigen Jubiläums, beschäftigte die Firma bereits 370 Mitarbeiter. Sechs Jahre später, 1981, erfolgte der Umzug auf das noch heute genutzte Firmengelände „Hinter der Anker", ein weiterer Schritt, der die erfolgreiche Entwicklung und Modernisierung des Unternehmens unterstreicht. 1986 übernahm Ernst Schaffarzyk die Geschäftsführung und führte das Unternehmen mit Weitblick und Engagement weiter, sodass dann 2021 die Firma mit Tim Schaffarzyk und Marcus Hennig an die 4. Generation übergeben werden konnte.

Trotz zahlreicher wirtschaftlicher und gesellschaftlicher Krisen in den vergangenen 100 Jahren ist die Ernst Petershagen GmbH & Co. KG durch eine kontinuierliche Erweiterung ihres Leistungsangebotes von Straßen- und Kanalbau, ergänzt durch Rohrleitungs- und Kabelbau, Tankstellen- und Betonbau sowie Planungsleistungen fortwährend gewachsen.

Dabei hat sie stets ihre Wurzeln in Delmenhorst bewahrt und durch ihre beständige Präsenz und ihr Engagement, nicht nur im unternehmerischen Handeln, sondern gleichsam durch Wahrnehmung gesellschaftlicher Verantwortung der Unternehmerfamilie in vielfältigen ehrenamtlichen Funktionen, bedeutend zur Entwicklung und Gestaltung unserer Stadt beigetragen.

Im Namen der Stadt Delmenhorst gratuliere ich der Ernst Petershagen GmbH & Co. KG zu diesem besonderen Jubiläum! Ich wünsche den Geschäftsführern, seinen Mitarbeiterinnen und Mitarbeitern sowie der gesamten Unternehmensfamilie weiterhin viel Erfolg, Innovationskraft und eine vielversprechende Zukunft. Möge das Unternehmen auch in den kommenden Generationen eine stetig positive Entwicklung nehmen.

Es grüßt Sie herzlich
Petra Gerlach
Oberbürgermeisterin der Stadt Delmenhorst

Jörn Makko, Hauptgeschäftsführer
des Bau-Industrieverbandes
Bremen-Niedersachsen e.V.

BAU INDUSTRIE
Niedersachsen-Bremen

Grußwort

Liebes Team EPD,

ein Startup mit 100-jähriger Tradition – das verdient allen Respekt und Anerkennung! Herzliche Glückwünsche zu diesem ganz besonderen Jubiläum von der Bauindustrie Niedersachsen-Bremen!

Vier gewinnt, möchte man meinen: vier Generationen, vier Leistungsbereiche, vier (plus einen) Ausbildungsberufe, fast vier EPD-YouTube-Videos. Und Delmenhorst 4444, die schöne Telefonnummer, die gibt es auf alten Fotos auch immer noch.

In diesen 100 Jahren Unternehmensgeschichte haben sich Technik und Maschinen verändert und auch die Menschen, die EPD mit hoher Energie und großem Einsatz vorangetrieben haben. Geblieben sind über die ganze Zeit die unermüdliche Leidenschaft für Tiefbau, das konstante Bewusstsein für Qualität und Kundenzufriedenheit, gleichermaßen Weitsicht im Großen und Augenmaß im Kleinen, der beständige Wille zu harter Arbeit und solider Ausbildung junger Menschen sowie die Freude am Netzwerken.

Wir freuen uns sehr, EPD über Jahrzehnte als Mitglied der Bauindustrie-Familie begleiten und beraten zu dürfen. Als Verband sind wir eine Mitmach-Organisation, und EPD macht mit: seit vielen, vielen Jahren bringt EPD seine Expertise an führenden Stellen in die Verbandsarbeit ein. Sei es im Beirat, im Vorsitz der Landesfachabteilung Leitungsbau, bei den Jungen Führungskräften, im Vorstand des Vereins zur Berufsförderung oder in der Sozialpolitischen Vertretung. Auf EPD ist stets Verlass, und das wissen wir sehr zu schätzen.

Erbauliche Grüße - und für die nächsten 100 Jahre ein kräftiges Glückauf!

Jörn Makko, Hauptgeschäftsführer des
Bau-Industrieverbandes Bremen-Niedersachsen e.V.

Sönke Ehmen

Grußwort

Liebe Leserinnen und Leser,

seit meiner frühesten Kindheit begleiten mich die orangefarbenen Baufahrzeuge der Firma Ernst Petershagen GmbH & Co. KG mit ihrem charakteristischen weißen Namenszug auf grünem Grund. Wann immer im Stadtgebiet eine Baustelle eröffnet wurde, geschah dies in meinem Bewusstsein durch die Firma Petershagen.

Auf das Engste war und ist das Wirken der Firma mit der Entwicklung unserer Stadt verbunden. An nahezu allen größeren Bauvorhaben war sie beteiligt. Insbesondere in den 1960er und 70er Jahren, als es zu tiefgreifenden Veränderungen im Delmenhorster Stadtbild kam. Ob beim Großprojekt „Wollepark", der Umgestaltung des Hans-Böckler-Platzes oder dem Ausbau der Stedinger Straße, um nur einige Beispiele zu nennen.

Aus bescheidenen Verhältnissen heraus gegründet, entwickelte sich die Firma Petershagen zu einem mittelständischen Unternehmen, das weit über die Grenzen der Stadt einen geachteten Ruf genießt. Möglich war dies, weil im Laufe der vergangenen 100 Jahre immer engagierte Persönlichkeiten an der Spitze des Unternehmens standen. Diese waren nicht allein innovativen Ideen gegenüber aufgeschlossen, sondern ebenso auf das Wohl der Beschäftigten bedacht. Diese dankten es durch großen Einsatz und eine tiefe und langjährige Treue zum Unternehmen.

Zugleich ging der Blick der Firmenspitze aber auch immer über das eigene Unternehmen hinaus. Eine enge Verbundenheit zu unserer Heimatstadt war und ist ein wesentliches Merkmal des Unternehmens. So hat sich Karl-Heinz Schaffarzyk als Schachfreund, Förderer, Mäzen und Ehrenpräsident auf ganz besondere Weise für den Schachsport in Delmenhorst und weit darüber hinaus eingebracht.

Im Verlaufe der letzten Jahrzehnte hat sich die wirtschaftliche Großwetterlage tiefgreifend verändert. Konkurrenzdruck und engere finanzielle Spielräume der öffentlichen Hand grenzen zunehmend den wirtschaftlichen Gestaltungsraum ein.

Auf diesen Wandel durch Erschließung neuer Arbeitsfelder eine Antwort gefunden zu haben, spricht für die Kraft und Vitalität der Firma Ernst Petershagen GmbH & Co. KG.

Im Namen des Fördervereins Industriemuseum Delmenhorst e.V. sowie des Delmenhorster Heimatvereins e.V. gratuliere ich der Firma Ernst Petershagen GmbH & Co. KG und all ihren Mitarbeiterinnen und Mitarbeitern zu 100 Jahren erfolgreichen Schaffens. Zugleich wünsche ich dem Unternehmen auch zukünftig eine glückliche wirtschaftliche Entwicklung und allen Leserinnen und Lesern dieser Chronik viel Vergnügen und Freude.

Mit heimatfreundlichen Grüßen

Sönke Ehmen,
Vorsitzender des Förderkreises Industriemuseum Delmenhorst e.V.
und stellvertretender Vorsitzender des Heimatvereins Delmenhorst e.V.

Zunftzeichen der Straßenbauer

PAUL WILHELM GLÖCKNER

100 Jahre Ernst Petershagen

Die Straßen der Stadt Delmenhorst entscheidend mitgestaltet

Der Straßenbau ist ein Kind der Neuzeit. Zunächst waren seit Napoleon I. vor allem französische Baumeister in Europa hierin führend tätig. Aber auch in Deutschland ging man bald daran, dauerhafte und sichere Verkehrsflächen zu schaffen. Wie es damit in Delmenhorst um 1850 ausgesehen hat, ist den Lebenserinnerungen von Marie Fitger, Schwester des Malerpoeten Arthur Fitger, zu entnehmen:

„Die Häuser reihten sich dicht aneinander an der Langen Straße entlang, die sich in einem flachen Bogen vom Bremer Tor zum Oldenburger Tor zog. Trottoir war unbekannt, die Straße war ein Steinweg und musste häufig ausgebessert werden. Das geschah unter rauer Sangesbegleitung. Zu den Stößen des schweren eisenbeschlagenen Pflasterblocken, Tanzmeister benannt, erklang es von rauen Männerstimmen:

Gott verlätt den Rammer nich,
dat deiht he, Gottverdammi, nich!“

(Marie Fitger: Erinnerungen aus Vaterhaus und Vaterstadt, S.11.)

Und erst 1891 hat eine Pflasterung dem selbst „einer Dorfstraße unwürdigen Zustand“ (Edgar Grundig: Geschichte der Stadt Delmenhorst) ein Ende gemacht. Damals sind die zerbrochenen bisherigen Feldsteine der Lange-, Mühlen-, Große Kirch- und Bahnhofstraße durch sogenannte Kopfsteine ersetzt worden. In diese Zeit fällt auch das Geburtsdatum von Ernst Hinrich Petershagen (5. November 1890), der im April 1925 mit zunächst vier Mitarbeitern ein Tiefbauunternehmen gründete, welches in diesem Jahr auf eine erfolgreiche hundertjährige Tätigkeit zurückblicken kann. Doch wie war es dazu gekommen?

Einiges über den Firmengründer

Ernst Petershagen wuchs als Sohn eines Jutearbeiters in beengten Verhältnissen auf, als noch Kaiser und Großherzog regierten. Jene Lebenswelt war noch streng in ein ‚Oben und Unten‘ geschieden. Sein Vater betrieb nebenbei eine kleine Landwirtschaft, um nicht ganz vom geringen Lohn in dem Industriebetrieb abhängig zu sein. So konnte Ernst auch nur die achtklassige Volksschule an der Stedinger Straße besuchen und ab 1904 als Maschinenarbeiter bei der Jute anfangen. Doch die Arbeit in den geschlossenen Räumen mit ihren lärmenden Maschinen ließ ihn dort nicht ausharren. Er sattelte um und wurde Steinsetzer- Lehrling bei der Firma Hermann Zumbach, die in der Kantstraße ihren Sitz hatte. 1912 bestand er die Gesellenprüfung und bis zum Ausbruch des Ersten Weltkriegs arbeitete er dort auch weiter. Über die Verhältnisse jener ersten Jahre im Tiefbau hat er Aufzeichnungen hinterlassen, aus denen hier zitiert werden soll:

„Vor 1914 waren die Zeiten und Verhältnisse ganz anders. Es gab keine Arbeitslosenversicherung und die meisten Baustellen wurden im November beim ersten Frost provisorisch abgeschlossen und vor März nicht wieder in Angriff genommen. Trotzdem fühlte ich mich zum Straßenbau hingezogen. Ich bin auch nie arbeitslos gewesen. Höchstens einmal ein oder zwei Tage beim Stellenwechsel. Man wusste ja immer, wenn eine Baustelle sich dem Ende zuneigte, gab es die Papiere…Viele Steinsetzer, besonders die vom Lande, hatten im Winter noch einen Nebenberuf bei einem Bauern. Auch als Hausschlachter, Holzschuhmacher oder Besenbinder waren sie tätig. Ich und andere hatten so eine Art Arbeitsgemeinschaft und hatten im Sommer schon für Winterarbeit gesorgt. Bauernhöfe pflastern war eine beliebte Tätigkeit und bei stärkerem Frost noch das Schlagen der Steine, die von größeren Findlingen zu Pflastersteinen zerkleinert wurden. Ganz große wurden gesprengt…Einen Winter haben wir einen Tannenwald gerodet, ein andermal hatte uns eine Fabrikleitung eingestellt. Arbeiten konnten wir ja alle, aber als der Februar sich dem Ende zuneigte, konnte der Meister uns nicht mehr bändigen… ab Anfang März ging dann einer nach dem anderen. Ansonsten herrschte um die Jahrhundertwende eine gewisse Konjunktur in der Baubranche. So wurde in Bookholzberg die Brücke über die Eisenbahn gebaut, in Huntebrück die Drehbrücke. Im Frühjahr 1913 war Hochbetrieb für Steinsetzer in Nordenham. Im Herbst dieses Jahres wurde in Delmenhorst die Langestraße neu gemacht. Nach einer Reise über Wilhelmshaven, Bremen und Essen war ich dabei. 1914 wurde die Oldenburger Straße, von der Mühlen- bis zur Schlüsselstraße neu gemacht und dann begann der Erste Weltkrieg (Ernst Petershagen: Aus persönlichen Erinnerungen, aufgeschrieben anlässlich des 50. Firmengeburtstages im April 1975.)".

Übrigens hatte sich der Steinsetzer, um schneller zu den Baustellen zu kommen, schon 1911 ein Fahrrad angeschafft. Damit er sich aber tatsächlich auf seinen Drahtesel schwingen konnte, musste er sich dazu noch eine Radfahrkarte beim Stadtmagistrat abholen.

Großherzogtum Oldenburg.
Herzogtum Oldenburg.
№ 97
Radfahrkarte
für
Ernst Petershagen, Steinsetzer
(Name, Stand)
wohnhaft zu Delmenhorst
(Stempel.)
, den 20/III 1911
(Ort)
Der Stadtmagistrat.
Der Gemeindevorstand.
Ad. Littmann, Oldenburg.

Radfahrkarte für Ernst Petershagen

Als Infanterist kämpfte Ernst Petershagen bis zu seiner Verwundung 1916 an der Westfront. Wieder gesund gepflegt, musste er auch noch auf dem Balkan und zuletzt 1918 in den Vogesen den Krieg mitmachen. Ernst Petershagen zog es in jenen Jahren, die auch in der Delmestadt durch Revolution und demokratischen Umbau der Gesellschaft viel Neues für ihn brachte, zunächst in seine Lehrfirma zurück.

Der in einfachen Verhältnissen aufgewachsene Delmenhorster begrüßte die nun entstehende Republik von Weimar. Denn schon seit seiner Schulzeit hatte er sich mit den Ideen der aufstrebenden Sozialdemokratie vertraut gemacht, Schriften und Aufrufe gesammelt und diese mit eigenen Notizen reflektiert. Daher ist sein späterer Eintritt in die SPD wohl nur als logischer Schritt zu bewerten. Bis 1923 blieb Petershagen bei der Baufirma Zumbach, doch in diesem Jahr gelang es ihm, bei der Stadt Delmenhorst eine Anstellung zu finden. Ein Zeichen dafür, dass man dort bei der Bauverwaltung auf ihn aufmerksam geworden war. Als Vorarbeiter übertrug man dem Fachmann die Verantwortung für die Wegeunterhaltung.

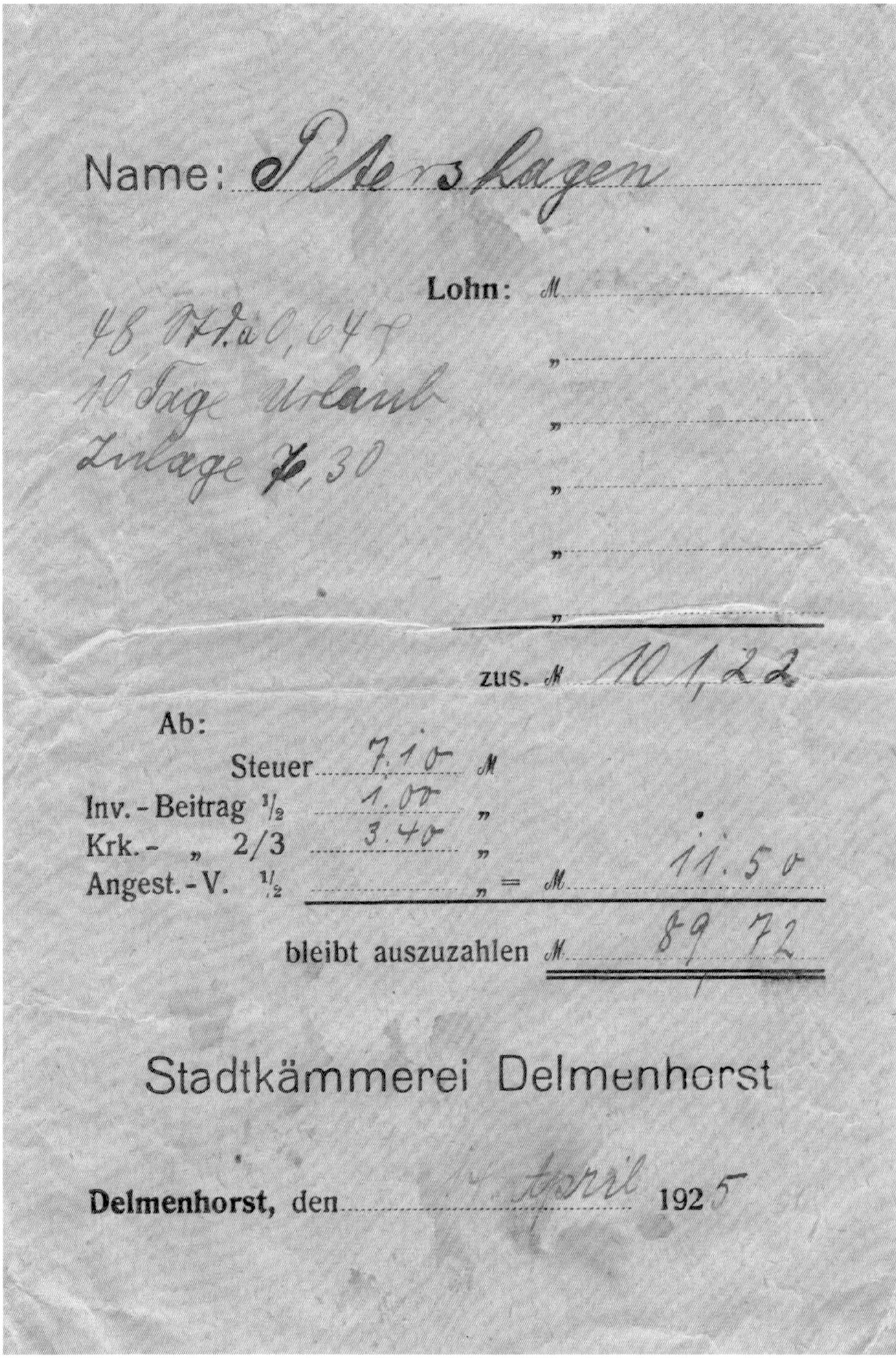
Name: Petershagen

Lohn: M

48 Std. à 0,64

10 Tage Urlaub

Zulage 7,30

zus. M 101,22

Ab:

Steuer 7.10 M

Inv.-Beitrag ½ 1.00 „

Krk.- „ 2/3 3.40 „

Angest.-V. ½ „ = M 11.50

bleibt auszuzahlen M 89,72

Stadtkämmerei Delmenhorst

Delmenhorst, den 14 April 1925

Lohnabrechnung

Die Gründung der eigenen Firma

Nur zwei Jahre blieb Ernst Petershagen bei der Stadt, wo er viele Verbindungen knüpfen konnte.

Bescheinigung der Gewerbe - Anmeldung.

Der Steinsetzer Ernst Petershagen

hat heute gemeldet, daß er am 15. April 1925

hier unter der Fa. Petershagen & Klasen Friesenstr. 6. ~~Straße / Weg №~~

den selbständigen Betrieb eines stehenden Gewerbes, ein~~en~~

Straßen- und Tiefbaugeschäft

begonnen habe.

Delmenhorst, den 7. Mai 1925

Stadtmagistrat.

I. A.:

STADTMAGISTRAT DELMENHORST

Bescheinigung der Gewerbe-Anmeldung

Dann wagte er den Sprung in die Selbständigkeit. Gemeinsam mit seinem Partner Johann Klasen eröffnete er am 15. April 1925 an der Friesenstraße 6 ein „Straßen- und Tiefbaugeschäft". Ab dem 1. Januar des folgenden Jahres war Ernst Petershagen dann alleiniger Inhaber, da Klasen wieder ausschied.

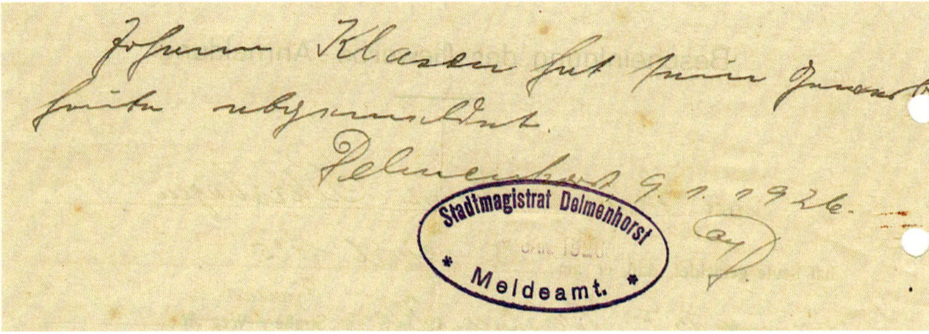
Johann Klasen hat heute sein Gewerbe abgemeldet.
Delmenhorst 9. 1. 1926.
Stadtmagistrat Delmenhorst
* Meldeamt. *

Johann Klasen hat heute sein Gewerbe abgemeldet, 9.1.1926.

Ernst Petershagen und Mitarbeiter 1925
Von rechts nach links: Heinrich Wessels, Ernst Petershagen, Otto Koch, Kurt Ebert

Mit vier Mitarbeitern konnten zunächst kleinere Arbeiten ausgeführt werden. Diese Aufträge kamen vor allem von der Stadtverwaltung, wo Petershagen sich ja zuvor durch Zuverlässigkeit und solide Arbeitsausführung einen guten Namen gemacht hatte. Neben Reparaturen an Wegen und Plätzen wirkte man auch beim Ausbau der Kanalisation und bei Kabelverlegungen mit. Wachsende Aufträge machten Neueinstellungen erforderlich, so dass Ende 1925 schon zehn Arbeitskräfte zur Firma gehörten. Damals ist von ihnen ausschließlich mit der Schaufel, den Schubkarren und mit Pferdefuhrwerken gearbeitet worden. Ein Büro gab es noch nicht, alles musste vom Inhaber selbst erledigt werden. So auch die Beantragung der Mitgliedschaft in der Haftpflichtversicherung des deutschen Baugewer-

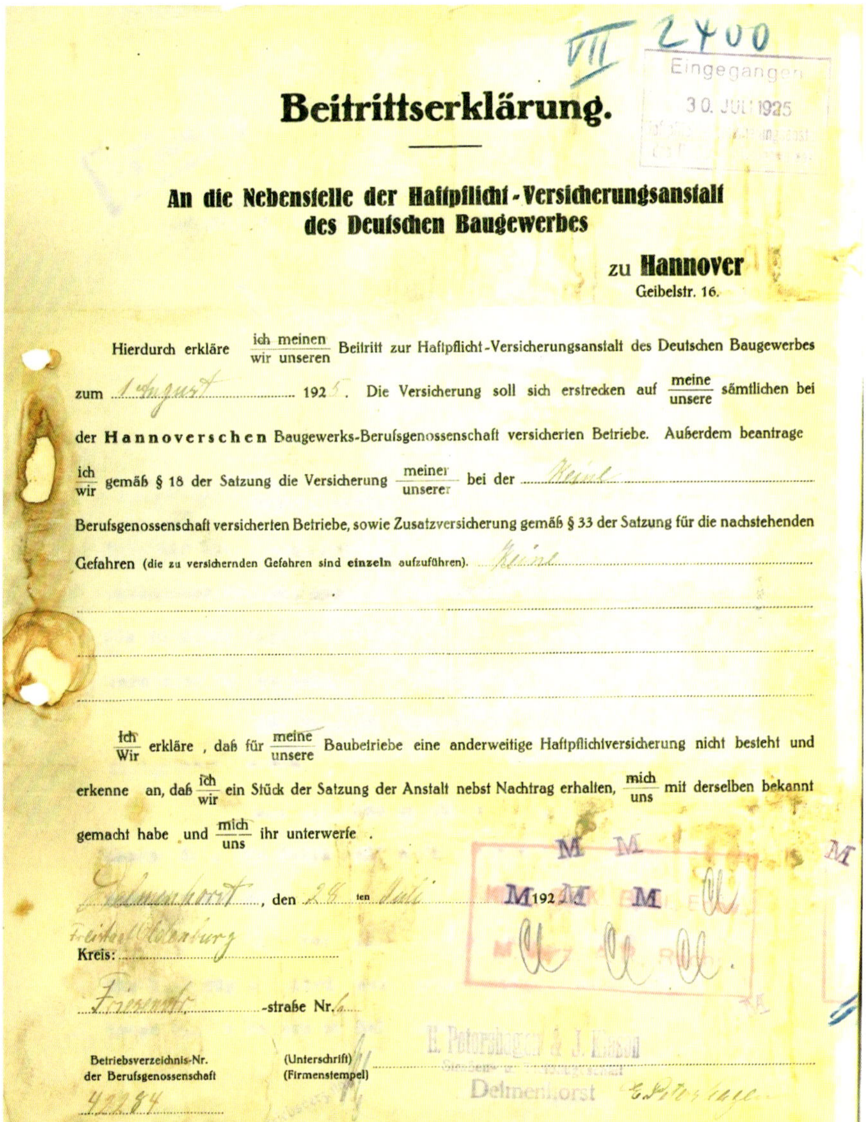

VII 2400

Eingegangen 30. JUL 1925

Beitrittserklärung.

An die Nebenstelle der Haftpflicht-Versicherungsanstalt des Deutschen Baugewerbes

zu **Hannover**
Geibelstr. 16.

Hierdurch erkläre ich meinen / wir unseren Beitritt zur Haftpflicht-Versicherungsanstalt des Deutschen Baugewerbes zum 1. August 1925. Die Versicherung soll sich erstrecken auf meine / unsere sämtlichen bei der **Hannoverschen** Baugewerks-Berufsgenossenschaft versicherten Betriebe. Außerdem beantrage ich / wir gemäß § 18 der Satzung die Versicherung meiner / unserer bei der Keine .... Berufsgenossenschaft versicherten Betriebe, sowie Zusatzversicherung gemäß § 33 der Satzung für die nachstehenden Gefahren (die zu versichernden Gefahren sind **einzeln** aufzuführen). Keine

Ich / Wir erkläre, daß für meine / unsere Baubetriebe eine anderweitige Haftpflichtversicherung nicht besteht und erkenne an, daß ich / wir ein Stück der Satzung der Anstalt nebst Nachtrag erhalten, mich / uns mit derselben bekannt gemacht habe und mich / uns ihr unterwerfe.

Delmenhorst, den 28 ten Juli 192

Kreis: Freistaat Oldenburg

[illegible] -straße Nr. 6

Betriebsverzeichnis-Nr. der Berufsgenossenschaft 42284

(Unterschrift) (Firmenstempel)

Delmenhorst

Beitrittserklärung an die Haftpflicht-Versicherungsanstalt

Hannoversche Baugewerks-Berufsgenossenschaft

Sektion IV Nummer 42284

Mitgliedschein

für Herrn Ernst Petershagen,

[illegible]

zu Delmenhorst.

Ausgefertigt in Gemäßheit des § 659 Abs. 1 der Reichsversicherungsordnung.

Hannover, den 10. März 1926.

Der Vorstand
der Hannoverschen Baugewerks-Berufsgenossenschaft
Schermer, Vorsitzender.

Mitgliedschein für die Baugewerks-Berufsgenossenschaft

bes 1925 und der Mitgliedschein in der Hannoverschen Baugewerks-Berufsgenossenschaft im Jahre 1926.

Und auch die Beteiligung an den Ausschreibungen der öffentlichen Hand oder von Privatpersonen, die Angebotsfertigung und die Bauplanung gehörten dazu.

Die Firmengründung war zur rechten Zeit geschehen, in einer verbesserten wirtschaftlichen Konjunktur. 1925 brachte der allgemeine Aufschwung in Deutschland auch den großen Werken in Delmenhorst, wie Wolle, Jute und DLW, eine günstigere Auftragslage ein, was sich auf das Steueraufkommen der Kommune günstig auswirkte. Vermehrt konnte man zu Straßenneubauten übergehen. So durfte die Firma ab August 1926 Pflasterarbeiten in der Brauenkamper Straße durchführen. Diese waren allerdings im Rahmen von Notstandsarbeiten ausgeschrieben worden, so dass Abschlagszahlungen erst nach 90 Prozent der geleisteten Arbeit auf besondere Aufforderung eingefordert werden konnten.

Seit 1927 arbeitete auch Hanna Mählmann, nach ihrer Heirat mit Ernst Petershagen, in der Firma mit. Diese, aus einer gutbürgerlichen Delmenhorster Familie stammend, unterstützte jahrzehntelang die Arbeit ihres Mannes. Hanna Mählmann hat besonders dazu beigetragen, dass der Betrieb einen strikten Sparkurs verfolgte, um für notwendige Investitionen ausreichende finanzielle Mittel

Restaurant Ernst Petershagen
Die auf der Postkarte erwähnte Adresse Friedensstraße ist die Friesenstraße.

zur Verfügung zu haben. Denn die Aufträge von der Stadt, dem E-Werk, den Stadtwerken, der Post und anderen Ämtern wuchsen stetig an. Es galt die Geräteausstattung zu ergänzen und zu modernisieren.

Drei Jahre nach Firmengründung wurde 1928 Tochter Marga geboren.

Finanziell besaß die Familie in jenen Jahren mit dem von ihr betriebenen Restaurant in der Friesenstraße 47 ein zweites Standbein.

Das Jahr 1930 brachte dann den ersten großen Bauauftrag. Die Pflasterung der Cramerstraße war vom Rat beschlossen worden, und Ernst Petershagen erhielt den Zuschlag! Er war damit in die erste Reihe derartiger Unternehmen in der Region aufgerückt, was auch seine im gleichen Jahr erfolgte Eintragung in die Handwerksrolle der Handwerkskammer Oldenburg aufzeigte. An sich konnten darin nur Handwerksmeister Eingang finden, allerdings war dieses auch für Altgesellen und Inhaber von Betrieben möglich.

Bei der Arbeit in der Cramerstraße kamen erstmals die Delmag-Rammen und eine Drei-Tonnen-Tandem-Walze zum Einsatz. Für die gleichzeitig durchgeführ-

Name (Firma) Ernst Petershagen
Delmenhorst i. O.
Friesenstr. 7
geboren am 5. November 1890
ist als Inhaber
eines Straßen u. Tiefbau-Betriebes
am 24. April 1930
in die Handwerksrolle eingetragen.

Oldenburg, den 22. November 1935

Handwerkskammer Oldenburg

Präsident Syndikus

Beglaubigt:

Gebühr RM 2.—

Eigenhändige Unterschrift

Ernst Petershagen

Die Handwerkskarte ist der Handwerkskammer zurückzugeben, wenn der Betrieb eingestellt wird.

Handwerkskarte

ten Kanalisationsarbeiten waren Grundwasserabsenkungen erforderlich, wofür vier Dia-Pumpen angeschafft werden mussten. Ab 1930 aber machte sich immer stärker die Weltwirtschaftskrise in unserer Stadt bemerkbar:

"Hatte Delmenhorst 1928 mit 537 Arbeitslosen noch relativ günstig dagestanden, so schnellte die Zahl der Beschäftigungslosen im Januar 1929 auf 1.536 hinauf. Es soll hier der besseren Übersicht wegen gleich die weitere Entwicklung dieses Wertes angegeben werden: Juli 1929: 627, Januar 1930: 929, April 1930: 1.660, Oktober 1930: 2.883, Januar 1931: 3.740, Oktober 1931 nach dem Zusammenbruch der Nordwolle:5.743, November 1932: 7.240 Arbeitslose (von etwa 30.000 Einwohnern). Mit dieser Entwicklung ging eine katastrophale Verminderung der städtischen und privaten Finanzmittel einher, die Zahl der Unterstützungsempfänger sprengte alle bisher bekannten Dimensionen und übertraf 1932, auf die Einwohnerzahl umgerechnet, Städte wie Berlin, Bremen, Hannover oder Kiel." (Paul Wilhelm Glöckner, Delmenhorst unter dem Hakenkreuz, S. 27).

Um dieser Entwicklung entgegenzuwirken, führte die Stadt weitere Notstandsarbeiten ein, wozu sie vom Landesarbeitsamt Unterstützungszahlungen erhielt.

Hieran hat auch die Firma Petershagen mitgewirkt. Ihre Arbeiter bekamen damals 52 Pfennige pro Stunde.

Die erste Walze

Das war im Vergleich zu der Unterstützung, die Arbeitslose vom Wohlfahrtsamt erhielten, ein sehr guter Lohn.

„Die Arbeit der Straßenbauer war und ist auch heute noch teilweise Knochenarbeit. Der Firmenchef setzte daher auch bald technische Hilfsmittel (wie hier auch schon eine Walze) zur Arbeitserleichterung in seinem Betrieb ein. Er beschaffte als erster in der Stadt eine Elektro-Ramme, mit der seine Steinsetzer nun arbeiteten. Zuvor geschah das Festrammen der Steine von Hand. Dazu benutzten die Straßenbauer den so genannten Springmeister. Das war ein schwerer gusseiserner Stampfer, mit einer quadratischen Grundfläche. So eine Stahlramme, an der sich oben ein Holzgriff befand, wog etwa 20 Kilogramm (Heinz Marcinkowski, Die Firma Petershagen (3)".

Im Nationalsozialismus

Die Gleichschaltung aller Institutionen und Verbände durch die nationalsozialistische Willkürherrschaft ab Hitlers Regierungsantritt am 30. Januar 1933 veränderte auch die gesellschaftlichen Verhältnisse in Delmenhorst. Bald schon stand ein NSDAP-Oberbürgermeister an der ersten Stelle der Stadtverwaltung. Alle übrigen Parteien wurden verboten und der Rat ausgeschaltet. In den Sportvereinen (soweit diese als Arbeiterorganisationen nicht verboten worden waren) und in den kulturellen Vereinigungen galt jetzt das Führerprinzip, die Arbeitnehmer- und Arbeitgeberorganisationen ordnete die Partei neu.

Dem musste sich naturgemäß auch Ernst Petershagen beugen, der jetzt mit seinen Mitarbeitern der Deutschen Arbeitsfront (DAF) angehörte. Innerhalb von Unternehmen und auch in den Verwaltungen gab diese Untergliederung der NSDAP vor, für eine lauthals propagierte Betriebsgemeinschaft einzutreten, wobei allerdings zwischen dem Betriebsführer und der Gefolgschaft unterschieden wurde. Betriebsräte wurden durch einen Vertrauensrat ersetzt, der nicht mehr den vorherig geltenden Kündigungsschutz besaß. Bei den jetzt jährlich durchgeführten Mai-Umzügen hatte Ernst Petershagen mitzumarschieren.

1937 ist er dann in die NSDAP eingetreten, ohne jedoch irgendeine Position darin einzunehmen. Dass er den aus dem Bauamt von den Nazis entlassenen Sozialdemokraten Wilhelm von der Heyde, (Oberbürgermeister und Landtagsabgeordneter nach dem II. Weltkrieg) bei sich als Lohnbuchhalter einstellte, macht deutlich, dass der Unternehmer von seiner inneren Überzeugung nicht abwich.

Wie die Partei sich mit propagandistischen Mitteln in die tägliche Arbeit des

Mai-Umzug von 1935

Betriebes einzumischen vermochte, macht auch ein Bericht von der von Petershagen übernommenen Baustelle der Straße von Deichhausen nach Strom in diesen Jahren deutlich: „Auf dieser Baustelle musste vertragsgemäß ein Fahnenmast aufgestellt werden, an dem jeden Morgen beim Arbeitsbeginn die Hakenkreuzfahne aufgezogen werden musste. Das Flaggen wurde mit der Zeit immer weniger, aber dann fand sich immer einer in dieser Arbeitsgruppe, der Meldung bei der Partei machte, was dann eine schärfere Kontrolle nach sich zog." (Ernst Petershagen, 1975).

Vermehrt Aufträge

Über die Bautätigkeit seit 1933 hat 2013 die Urenkelin des Firmengründers, Merle Nicolai, nach einem Praktikum in der Firma, einen historischen Abriss verfasst, aus dem nun zitiert werden soll:

„Nach 1933 waren schon nach verhältnismäßig kurzer Zeit überall im Stadtgebiet Ernst Petershagens Mitarbeiter beschäftigt. (Zeitweise sind dabei auch in Arbeitsgemeinschaft mit der Firma Zumbach diese Aufträge erledigt worden, der Verfasser).

Baustellen des Straßen- und Tiefbauunternehmens befanden sich in der Hasberger Straße, in der Anton-Günther-Straße und, etwas weiter entfernt vom Stadtzentrum, in Altenesch und Krögerdorfermoor. Als weitere größere Aufträge sind die Verbreiterung der Bremer Straße und der Neubau der damaligen Staatsstraße in Steinkimmen zu nennen." (Merle Nicolai: Erinnerungen an die Firmengeschichte der Straßen- und Tiefbaufirma Ernst Petershagen, 2014).

Über die Arbeiten an der Bremer Straße hat seinerzeit das Delmenhorster Kreisblatt berichtet. Dem groß aufgemachten Artikel mit der damals üblichen propagandistischen Überschrift „Auf dem Schlachtfeld der Arbeit", soll ein Überblick über die einzelnen Arbeitsschritte entnommen werden: „Bevor die eigentliche Pflasterung begonnen werden kann, mussten zunächst eine ganze Reihe notwendiger Vorarbeiten erledigt werden. So sind die älteren Gas- und Wasseranschlüsse bis in die Häuser hinein vollständig erneuert worden. Gegenüber der Fischstraße wurde das Hauptgasrohr quer durch die Bremer Straße gelegt, um später vielleicht auch in dieser Straße ein Hauptrohr legen zu können. Durch die Verbreiterung der Straße mussten sämtliche Hydranten und der große Lichtmast Ecke Fisch- und Bremer Straße versetzt werden. Die Einlaufschächte zur Aufnahme des Regenwassers sind fast in der doppelten Anzahl eingebaut worden... Doch nun zur Pflasterung. Die Bordsteine der alten Straße werden zum größten Teil wieder verwandt. An sie wird auf einer 20 Zentimeter starken Betonunterlage eine Rinne aus Kleinpflaster gesetzt. Das alte Pflaster wird dann aufgebrochen und die Steine dieser Pflasterung sortiert. Was von ihnen brauchbar ist, wird mit zur neuen Pflasterung verwandt. Der obere Teil der Bremer Straße erhält eine Pflasterung in der alten Form, über die dann noch ein Fugenverguss mit einem Teerprodukt gegeben wird, so dass wir hier eine Art Asphalt haben".

Bei diesem Ausbau wurde schon die neu angeschaffte Explosionsramme benutzt, die über drei Zentner (150 Kilogramm) wog. Für deren Kaufpreis wäre damals der Kauf eines PKWs mittlerer Größe möglich gewesen. 1935 baute Ernst Petershagen die Moorkampstraße aus.

Im selben Jahr genehmigte der oldenburgische Minister des Inneren Ernst Petershagen die „Anleitung von Lehrlingen im Steinsetzer Handwerk".

Die Pflasterarbeiten waren so umfangreich, dass er Bremer Gesellen einstellen musste. Die Belegschaft hatte sich zwischenzeitlich auf etwa 20 Mitarbeiter erhöht. 1937 erhielt Petershagen den Auftrag, die Oldenburger Straße zu pflastern. Die Fertigstellung dieses Verkehrsweges war Grund zur Freude und Anlass eines großen

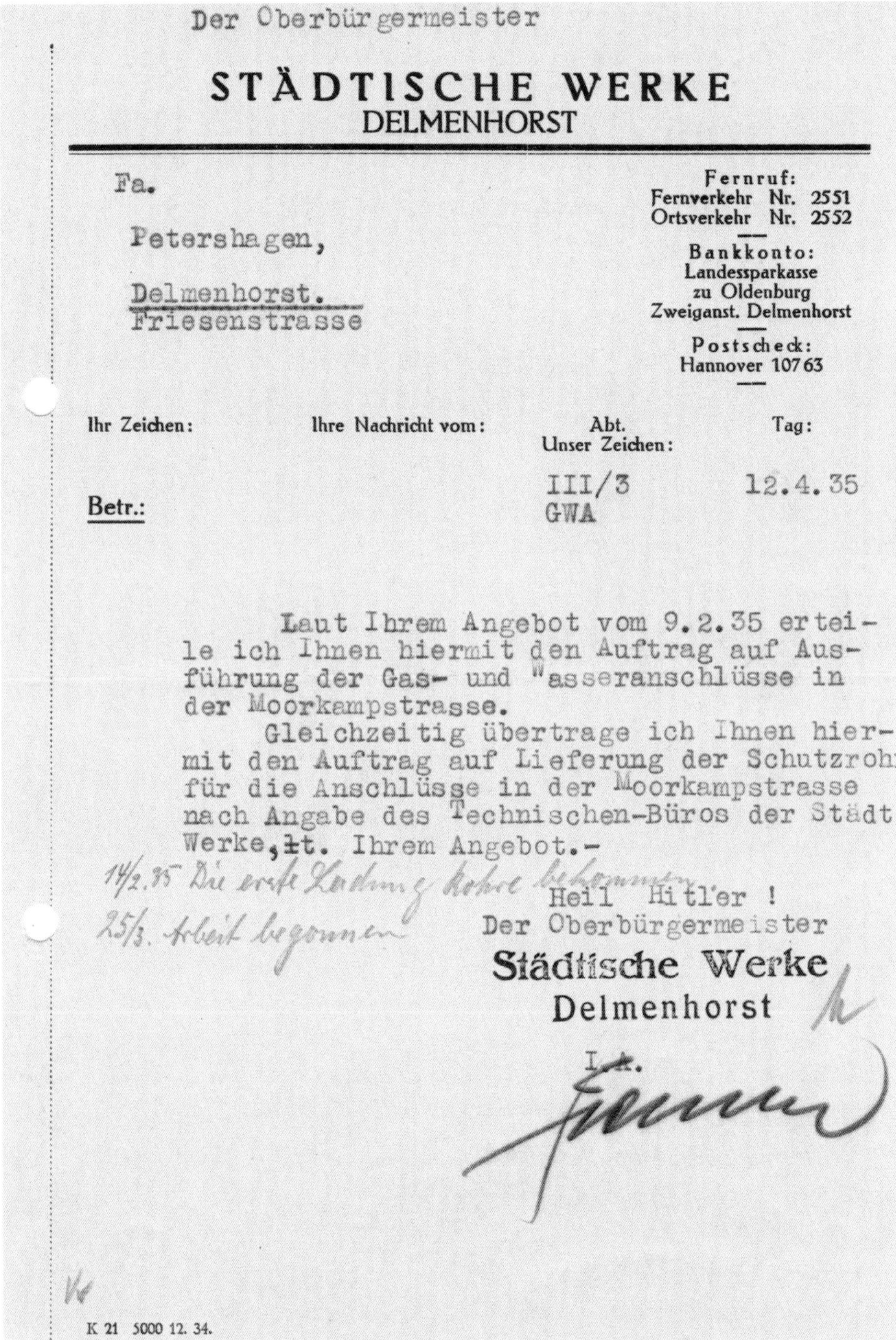

Der Oberbürgermeister

STÄDTISCHE WERKE
DELMENHORST

Fa.

Petershagen,

Delmenhorst.
Friesenstrasse

Fernruf:
Fernverkehr Nr. 2551
Ortsverkehr Nr. 2552

Bankkonto:
Landessparkasse
zu Oldenburg
Zweiganst. Delmenhorst

Postscheck:
Hannover 10763

Ihr Zeichen:	Ihre Nachricht vom:	Abt. Unser Zeichen:	Tag:
		III/3 GWA	12.4.35

Betr.:

Laut Ihrem Angebot vom 9.2.35 erteile ich Ihnen hiermit den Auftrag auf Ausführung der Gas- und Wasseranschlüsse in der Moorkampstrasse.

Gleichzeitig übertrage ich Ihnen hiermit den Auftrag auf Lieferung der Schutzrohr für die Anschlüsse in der Moorkampstrasse nach Angabe des Technischen-Büros der Städt. Werke, lt. Ihrem Angebot.-

14/2.35 Die erste Ladung Rohre bekommen
25/3. Arbeit begonnen

Heil Hitler !
Der Oberbürgermeister
Städtische Werke
Delmenhorst

I.A.

K 21 5000 12. 34.

Auftrag der Städtischen Werke Delmenhorst für die Moorkampstraße von 1935

Richtfestes. Beim Richtfest ist Ernst Petershagen der mit einer roten Schleife verzierte letzte Stein mit folgenden Worten von Polier Kurt Ebert übergeben worden:

„Die Straße wurde gebaut, dem Bürger zur Ehr,
der Stadt zur Zier.
Nach Handwerksbrauch und Gewohnheit setzt
der Meister den letzten Stein.
Dieser Stein ist zu passe gemacht,
darum ist er dem Meister zugedacht.
Hätte ich ein Pferd, käme ich geritten,
hätte ich einen Wagen, käme ich gefahren.
Da ich aber von beiden keins habe,
muss ich ihn selbst hertragen.
Hiermit überreiche ich im Namen der Gefolgschaft
dem Meister den letzten Stein,
der soll in dieses Loch hinein".
(Merle Nicolai: Erinnerungen an die Firmengeschichte der Straßen- und Tiefbaufirma Ernst Petershagen, 2014 und Merle Nicolai: Nicht der letzte Stein, 2015).

Anschließend hat der Meister den Mitarbeitern in einer Rede gedankt. Danach gab es einen Umtrunk in einer Gaststätte, bei der viele Runden Bier auf die Rechnung von Ernst Petershagen gingen.

Die Arbeitsmethoden verändern sich

Mit der Wiederbelebung der Wirtschaft, die schließlich in eine Vollbeschäftigung mündete, gab es auch vermehrt Bauaufträge. Zwei Kasernen wurden in der Stadt errichtet, ein Flugplatz gebaut. Das Heeresbauamt hat auch Petershagen dazu Aufträge erteilt, 1935 etwa den Bau von drei Maschinengewehrständen. Dazu durften nur „deutschstämmige Arbeiter" herangezogen werden, denen es „strengstens" untersagt war, etwa Fotos davon anzufertigen.

1937/38 erfolgte der Ausbau der Stromer Landstraße von Sandhausen bis zur Ochtum. Nun beschäftigte man schon bis zu 90 Arbeitskräfte. Im selben Jahr wurde auch die Scheunebergstraße mit einer Asphaltdecke versehen.

Ausbau der Stromer Landstraße

Juni 1937: Straßenbauarbeiten in der noch dünn besiedelten Scheunebergstraße. Mit einer Rauch speienden Dampfwalze wird der gerade frisch eingebrachte Asphalt planiert. Vor dem Wohnhaus im Bildhintergrund links mündet die Schützenhofstraße ein. Ihren Namen verdankt die 1926 erstmals erwähnte Scheunebergstraße übrigens den früher zum Delmenhorster Schloss gehörigen Torfscheunen, die in ihrem Bereich standen.

Straßenbau in der Scheunebergstraße

Auch der technische Ablauf änderte sich erheblich. Man ging von der Arbeit mit Schubkarren und Pferdewagen auf den Gleis- und Lokbetrieb über. Dazu mussten Feldbahngleise, Loren, Dieselloks und eine Motorwalze angeschafft werden. Auch die Deutsche Reichsbahn war zu dieser Zeit ein wichtiger Dienstleister. Diese brachte Packlage, Schotter und Steine zum Bahnhof, wobei dort allerdings noch per Forke abgeladen und dann auf die Pferdewagen oder auch schon auf Lastkraftwagen aufgeladen werden musste. Ein Zeichen dafür, dass damals immer noch der Mensch im Mittelpunkt des Arbeitsprozesses gestanden hat.

1938 verlegte der Betrieb dann seinen Firmensitz und das Wohnhaus der Familie von der Friesenstraße in einen Neubau an der Mühlenstraße 113.

Zeichnung von der Mühlenstr.113 (2008)

Damit stand dort ein größeres Firmengelände zur Verfügung. Natürlich ist die Firma von der NS-Partei auch immer wieder um Spenden zum Winterhilfswerk gebeten worden. So etwa nach dem Anschluss von Österreich 1938 mit einem Schreiben des Gaubeauftragen. Danach hatten sich „unter den Systemregierungen in der alten deutschen Ostmark wirtschaftliche Notstände von grauenhaften Ausmaßen entwickelt". Abhilfe sollte nun der Gau mit seiner konstatierten „großzügigen Opferbereitschaft" leisten: „Spendet für das deutsche Österreich, gebt dadurch Eurer Dankbarkeit gegenüber dem Führer Ausdruck". Dieser Appell zeigte aber nur eine geringe Wirkung: Petershagen hat zwölf Reichsmark beigesteuert.

Im Zweiten Weltkrieg

Zu Anfang beschäftigte der Betrieb noch 50 alteingesessene Fachkräfte, doch bald schon führten die Einberufungen zur Wehrmacht und Notstandsmaßnahmen zu vielen Veränderungen. Auch die Walze ist bald beschlagnahmt worden.

Für Ernst Petershagen bedeutete das zum dritten Mal ein völliges Umdenken.

„Anfangs war hier vom Krieg nicht viel zu merken, und so kam noch ein dicker Auftrag vom Straßenbauamt Oldenburg: etwa acht Kilometer Kleinpflasterdecke samt Unterbau und Verbreiterung von Tweelbäke bis Sandersfeld erneuern. Dazu wurde in Moorhausen bei Gastwirt Budde eine Unterkunft für Fremdarbeiter aus den Ostgebieten eingerichtet" (Ernst Petershagen, 1975).

Das waren vor allem polnische Kriegsgefangene, bis zu 200 an der Zahl. Da diese in den Lagern nur schlecht versorgt wurden, steckte der Chef einigen von ihnen manchmal Kartoffeln aus eigenem Anbau zu. Als dann die Luftangriffe der Royal Air Force immer mehr Wirkung zeigten, wurde die Straßenbauer-Innung Oldenburg-Bremen nach Emden zu Baumaßnahmen verpflichtet. Mit einer Kolonne hat Petershagen dort bis 1944 mitgewirkt. Doch dann musste der Schwerpunkt wieder nach Delmenhorst verlegt werden. Auch hier galt es Aufräumarbeiten zu leisten. Die durch die Flugzeugangriffe verursachten Schäden an Straßen und Gebäuden hatte man, so gut es eben ging, zu beseitigen.

„Meine Entpflichtung wurde von Emden auch genehmigt, allerdings mit der Bedingung, Ersatz zu stellen. Die Firma Koch in Westerstede habe ich dafür gewonnen und so konnte ich meine Tätigkeit wieder der Stadt Delmenhorst zur Verfügung stellen. Auch hier war inzwischen eine Unterkunft für Fremdarbeiter eingerichtet, so konnte ich meine Stammleute, die von Emden kamen, als Führungsleute einsetzen und gleich mehrere Gruppen zur Verfügung stellen.

Es galt alle Schäden zu beseitigen, vom Kanalanschluss bis zur Dach- und Schornsteinreparatur". (Ernst Petershagen, 1975)

Mitten im Krieg, am 28.12.1941, ist dann von der Firma noch ein „Unterstützungsverein" gegründet worden. Er sollte Hilfsbedürftigen aus der „Gefolgschaft" und auch Familienmitgliedern von verstorbenen Mitarbeitern bei der Bewältigung von Notlagen helfen, was auch bis in die 1960er Jahre geschehen ist.

Schwierige Wiederaufbaujahre

Nach der Eroberung von Delmenhorst am 20. April 1945 durch britische Truppen begann für die Firma Petershagen eine neue Phase ihrer Tätigkeit. Der Betrieb kam nur langsam in Schwung. Doch bald gab es wieder Aufträge der öffentlichen

Abbrucharbeiten in der Nachkriegszeit

Der erste Flottmann (Kompressor)

Hand sowie der Besatzungsmacht. Die ersten Arbeiten waren Bunkerabbrüche an der Stedinger Straße. Auch an der Schönemoorer Straße galt es, diese Kriegsüberreste zu beseitigen. Hierbei kam der erste Kompressor der Firma, der Flottmann, zum Einsatz, was die Arbeiten sehr erleichterte.

Erfreulicherweise kehrte auch ein Großteil der alten Mitarbeiter aus dem Krieg zurück, von denen einige noch vor der Währungsreform ihre Arbeit wieder aufnahmen. Zur Firma stießen aber auch Fachkräfte, die als Flüchtlinge und Vertriebene 1946 nach Delmenhorst gekommen waren.

Die DLW als großer Auftraggeber hatte bald viele Arbeiten zu vergeben. Auch hier führte Fa. Petershagen Abbrucharbeiten aus.

1950 konnte man auf ein 25jähriges Geschäftsjubiläum zurückblicken. Dabei feierte mit Karl-Heinz Schaffarzyk, der ein Jahr zuvor in die Firma eingetreten war, auch der Mann schon mit, der in den nächsten Jahrzehnten die Firma entscheidend erweitern und auf einen vorher nicht gekannten Stand führen sollte.

E. Petershagen
Straßen- und Tiefbau
Delmenhorst i. Oldbg.
Fernruf 2413

Delmenhorst, den 6. Okt. 1950
Mühlenstraße 113

Eingeg.: 9. 10. 50

Kosten-Anschlag

für Deutsche Linoleum-Werke A.G., Zweigniederlassung Delmenhorst

Pos.	Anzahl	Gegenstand	Einzelpreis RM	Einzelpreis Pfg.	Gesamtpreis RM	Gesamtpreis Pfg.
		Betr.: Abbruch- und Erdarbeiten für den Neubau des Versandgebäudes Werkteil Schlüssel				
1)	1650,-	qm alten vorhandenen ca. 15 cm starken mit Bitumenplatten belegten Fußboden zur Herstellung der Fundamentgräben mittels Stemmwerkzeugen (maschinell oder von Hand) lösen, auf Wagen laden und außerhalb des Werkgeländes abfahren f. d. qm	1.	28	2112.	-
2)	26,-	cbm Eisenbeton der hinderlichen Eisenbetonfundamente für die Herstellung der Fundamentgräben wie vor lösen und abfahren f. d.cbm	22.	50	585.	-
3)	100,-	cbm altes Fundamentmauerwerk (Ziegelrotstein in Zementmörtel) 38 und 51 cm stark wie vor lösen und abfahren f. d.cbm.	18.	50	1850.	-
4)	1800,-	cbm Boden (mittlerer Stichboden) für die Herstellung der Fundamentgräben, 2,90 m breit und 1,70 m tief, ausheben, auf Wagen laden und außerhalb des Werkgeländes abfahren f. d.cbm	5.	60	10 080.	-
5)	800,-	cbm Boden wie vor lösen, in die Fundamentgräben der fertiggestellten Fundamente lagenweise einplanieren und abstampfen f. d.cbm	2.	20	1760.	-
6)		Abbruch des vorhandenen Gebäudes Schlüsselstraße 29				
a)	70,-	qm Betonplattendach abnehmen, die Platten zur Wiederverwendung auf einen von der Bauleitung angewiesenen Lagerplatz transportieren und stapeln f. d. qm	3.	00	210.	-
b)	26,-	cbm Außenmauerwerk 30 cm stark mit Luftschicht aus Betonhohlsteinen in Zementmörtel gemauert bis auf das Erdreich abbrechen, den Schutt auf Wagen				
		Übertrag:			16 597.	-

Angebot für DLW-Abbrucharbeiten Quelle: Franz-Reinhard Ruppert, Linoleum aus Delmenhorst, S. 64.

E. Petershagen
Straßen- und Tiefbau
Delmenhorst i. Oldbg.
Fernruf 3113 2415

Delmenhorst, den 6. Okt. 1950
Mühlenstraße 113

Eingeg.: 9. 10. 50

II.

Kosten-Anschlag

für Deutsche Linoleum-Werke A.G., Zweigniederlassung Delmenhorst

Pos.	Anzahl	Gegenstand	Einzelpreis RM	Einzelpreis Pfg.	Gesamtpreis RM	Gesamtpreis Pfg.
		Übertrag:				
6b)		Wagen laden und abfahren f. d.cbm	8.	80	228.	80
c)	36,30	qm 1/2 Stein starke Innenwände abbrechen und wie vor abfahren f. d. qm	2.	00	72.	60
		Sa.:		DM	16 898.	40

Der Unternehmer

E. Petershagen

1951 wurde dann die Bahnhofstraße ausgebaut. Diese erhielt die erste „Schwarzdecke", die noch per Hand aufgebracht wurde. Nachdem der Schotterunterbau in zwei Lagen eingebaut worden war, geschah das Abspritzen mit Heißteer. Die klebrige Beschichtung wurde dann sofort mit Splitt abgestreut.

Die Herausforderungen der Wirtschaftswunderzeit, die jährlich zunehmende Motorisierung, der ständig wachsende Verkehr und der beginnende Arbeitskräftemangel veranlasste auch die Firma Petershagen etliche Arbeitsgänge zu mechanisieren. Anfang der 50er Jahre erwarb sie die erste Ackerraupe, die ein Schlosser zu einer Planierraupe umbaute. Es folgten 1955 der zweite Bagger und ein LKW-Kipper. Dieser löste Gleise, Loren und Diesellok als Transportmittel ab. Der Maschinenpark vergrößerte sich in den nächsten Jahren ständig und die Zahl der spezialisierten Mitarbeiter wuchs an.

Von 1955 bis 1966 wurden in einer Werkstatt am Hamburger Weg firmeneigene Maschinen repariert. Eine Abstellmöglichkeit für die Raupen und Bagger hat bis in die 80er Jahre auch an der Schanzenstraße existiert.

Geräte vor der Werkstatt in der Friesenstraße

„An der Friesenstraße befand sich seit Mitte der 60er Jahre die firmeneigene Werkstatt. Dort überholte, reparierte und wartete man die Maschinen und Transportmittel des Betriebes." (Heinz Marcinkowski: Die Firma Petershagen (4).

Karl-Heinz Schaffarzyk

Dieser Protagonist des Straßenbaus, der gemeinsam mit seinem Schwiegervater den Betrieb erstaunlich zu entwickeln wusste, entstammte dem Jahrgang 1923. Und schon sein Vater hatte zur Familie von Ernst Petershagen einen engen Kontakt aufgebaut, da er 1940 dessen Restaurant „Zur Einkehr" in der Friesenstraße pachtete. Ein Jahr später legte Sohn Karl-Heinz die Reifeprüfung an der damaligen Oberschule Willmsstraße ab und meldete sich freiwillig zur Marine. Als Oberleutnant zur See kehrte er Weihnachten 1945 nach Kriegsgefangenschaft in Frankreich zurück.

Zwischen Ernst Petershagen und dem Pächter seiner Gastwirtschaft „Zur Einkehr" herrschte gutes Einvernehmen und so versorgte die Familie Petershagen die Familie Schaffarzyk teilweise mit Gemüse aus eigenem Anbau, einem Hobby von Ernst Petershagen. Im Frühsommer 1949 holte Karl-Heinz von den Petershagens aus der Mühlenstraße Spargel ab und lernte bei der Gelegenheit Marga kennen und lieben.

Die Folge: Ernst Petershagen bot seinem späteren Schwiegersohn den Eintritt in seinen Betrieb an, verlangte aber, zunächst eine Steinsetzerlehre bei ihm zu absolvieren.

Was auch geschah, und so erfolgte 1951 die Heirat. 1952 ist dann Sohn Ernst, drei Jahre später Tochter Ilse geboren worden.

Nach seiner Lehrzeit sammelte Karl-Heinz Schaffarzyk weitere Erfahrungen in den verschiedenen Arbeitsbereichen der Firma. Mit kritischen Augen analysierte er die Arbeitsprozesse und machte sich Gedanken über deren Verbesserung und Rationalisierung. Immer mehr bezog ihn der Schwiegervater in die Geschäftsleitung ein. Der Betrieb entwickelte sich zu einem florierenden Unternehmen in der Region. Und die Ideen gingen ihm dabei nicht aus.

Grassodenschneider

1960 entwickelte er einen Grassodenschneider, der patentiert wurde und über den die Presse berichtete: „Was 15 Arbeiter bisher im Höchstfall pro Tag schafften, leistet das neue Gerät, das an jede Planierraupe anzubauen ist, mit einem Maschinisten spielend in acht Stunden. Jede Grasplatte wird ein wie die andere: alle gleich dick und gleich groß"(Merle Nicolai, Erinnerungen, 2014)

Bauten, Bauten

Gehen wir noch einmal in die 50er Jahre zurück. Der Zustrom von über 16.000 Vertriebenen und Flüchtlingen hatte die Erschließung neuer Wohngebiete in der Stadt notwendig gemacht. Vor allem in Düsternort entstanden neue Wohnstraßen. Petershagen hat dort schon 1951/52 die Breslauer Straße ausgebaut und war ein Jahr später auch in Amelhausen tätig. Ein großes Ereignis für Stadt und Firma ist dann 1953 der Ausbau des Hans-Böckler-Platzes gewesen, bei dessen Einweihung es recht festlich zugegangen ist:

„Nun liegt der Markt in seiner Pracht,
von Oberbaurat Brasch erdacht.
Er plant nicht nur schön oben raus,
auch auf der Erde sieht´s gut aus.
Stadtkämmerer und Ratsherren wollen wir nicht vergessen,
die diesmal nicht auf dem Geld gesessen.
Ihre Wahl war richtig, so soll es sein:
statt weichen Asphalt harten Stein,
Herr Kunath führte die Regie,
passte auf Profil und auf Planie,
er hat es diesmal ganz bequem,
und braucht nur aus dem Fenster seh´n ,
ob Sand genug, ob Steine eingetroffen,
oder ob die Steinsetzer besoffen.
Nun Oberbürgermeister und symbolischer Kollege,
steht deiner Tat nichts mehr im Wege.
Aus Stahl der Hammer, der gold´ne Stein
mögen Symbol für Delmenhorst´s Stärke und künftigen Wohlstand sein."

So sprach der Polier Kurt Ebert. (Merle Nicolai, Erinnerungen, 2014).

Oberbürgermeister Wilhelm von der Heyde durfte dann den letzten goldenen Stein zur Pflastervollendung einsetzen, was aber allerdings nur symbolisch erfolgte. Das teure Stück wurde in einem Safe untergebracht.

Sonnabend, den 30. Mai 1953 Delmenhorst

„Der Stadt zum Wohle für lange Zeit!"

Feierliche Schlußsteinsetzung für Pflasterung des Neuen Marktes

Nur zwei Pflasterstunden für den Neuen Markt waren im Laufe der vielwöchigen Arbeit vom Regen begleitet. Diese Zuneigung zu den Steinsetzern der Firma Petershagen hat den Wettergott anscheinend gereut. Gestern, als zur Krönung des Werkes geschritten werden sollte, schaute er übel gelaunt zu. Es regnete „Bindfäden", als Oberbürgermeister v. d. Heyde den vergoldeten Schlußstein für das vollendete Werk in die Erde klopfte.

Trotz des miesen Wetters waren aber alle Beteiligten guter Laune. Auf dem fahnengeschmückten Platz erklang Lautsprechermusik. Um die mit grünen Zweigen und Blumen dekorierte „Schlußstein-Stelle" versammelten sich die Vollender der Marktpflasterung mit den Vertretern von Stadtrat und -verwaltung. Polier Nürnberger sagte einen launigen Richtspruch und übergab dann seinem „symbolischen Kollegen", Oberbürgermeister v. d. Heyde, den vergoldeten Schlußstein.

Das Stadtoberhaupt nannte den neugestalteten Platz ein Werk, das für viele Jahrhunderte bestimmt ist. Er möge halten, bis die Gemüsehändler den Hausfrauen die gewünschten Dinge in die Wohnung bringen können. Weiter verwies der Oberbürgermeister darauf, daß der Platz erst zu seiner vollen Wirkung kommen wird, wenn die neuen Gebäude, die an ihm erstellt werden sollen, fertig sind. Schon jetzt aber könne die Bevölkerung stolz auf ihren Neuen Markt sein.

Nachdem der Oberbürgermeister den Schlußstein mit dem Geleitwort: „Der Stadt zum Wohle für lange Zeit!" gesetzt hatte, dankte Herr Petershagen den Stadtvätern für diesen Auftrag. Er sei besonders begrüßt worden, weil er in eine auftragsflaue Zeit gefallen sei. Der Unternehmer bat, die Neugestaltung des Neuen Marktes als sinnvolle Gemeinschaftsarbeit aller Delmenhorster zu werten. -rs

DELMENHORST

Unser Sonntagsgedanke:

Wie ist das möglich?

Ein Arbeitsloser, der mit seiner fünfköpfigen Familie in sehr ärmlichen Verhältnissen lebt und seit ein paar Wochen auch noch die Sorge um ein krankes Kind hat, erhielt vor einiger Zeit durch Vermittlung eines Wohlfahrtsverbandes ein amerikanisches Care-Paket. Die Leute waren überglücklich, als sie die vielen guten Sachen auspackten, und sie bedankten sich bei dem Spender, dessen

er Kreisblatt 127. Jahrgang. Nr. 123

Die Beendigung der Pflasterarbeiten auf dem Neuen Markt wurde gestern feierlich begangen. Nur ein Stein fehlte noch, und diesen setzte der Oberbürgermeister ganz zünftig. Einen vergoldeten Stein nahm er dazu, und jeder, der an der Feuerwache bei der in Stein gesetzten Jahreszahl 1953 vorüberkommt, findet ihn dort oberhalb der Zahl.

„Der Stadt zum Wohle für lange Zeit" (Delmenhorster Kreisblatt, 30. Mai 1953)

Der Leistungsbereich erweitert sich

Neben dem Straßen- und Wegebau hatte Petershagen sich schon früh mit dem Kanalbau beschäftigt.

1955 verlegte man erstmals an der Syker Straße einen Kanal in fünf Meter Tiefe. Immer mehr Seilbagger wurden mit der Zeit eingesetzt. Innerhalb kurzer Zeit wurden fünf Geräte gekauft.

Die erste hydraulische Durchpressung unter dem Bahndamm am Ströhenweg in den 60er Jahren stellte dann eine echte Herausforderung dar, konnte aber bewältigt werden. Ein derartiges Verfahren ist auch heute noch eine anspruchsvolle Aufgabe.

Auf dem Gelände des ehemaligen Flugplatzes (schon am Bau dieses Objekts hatte Firma Petershagen ja in der Vorkriegszeit mitgewirkt) installierte EPD dann einen 20.000 Liter Tank und erhielt auch beim weiteren Ausbau des Kasernengeländes Aufträge.

Rohrtransport im Kanalbau

Kanalbau an der Syker Straße

Durchpressung Bahnübergang Ströhenweg

Größere Arbeiten fanden Anfang der 60er Jahre bei der Anlegung der Umgehungsstraße am Wichernstift vor den Toren Delmenhorsts und bei der Pflasterung der Mühlenstraße statt.

Umgehungsstraße am Wichernstift

Handwerks-Ehrenbrief für Jubilar

Der Obermeister der Straßenbauer-Innung und Seniorchef der Straßen- und Tiefbaufirma Petershagen, Ernst Petershagen, erhielt am Sonnabend zur Vollendung seines 70. Lebensjahres ein besonders wertvolles Geburtstagsgeschenk. Handwerkskammerpräsident Adolf Ahrens, der ihm auch die Glückwünsche der Kreishandwerkerschaft überbrachte, überreichte ihm den Ehrenbrief des deutschen Handwerks.

Handwerksehrenbrief von 1960, Delmenhorster Kreisblatt

Mühlenstraße am Bahnübergang

Der Bereich Kabelbau hatte immer größere Ausmaße eingenommen. Zusätzlich betätigte man sich ab Mitte der 60er Jahre auch im Bereich Rohrleitungsbau. Seilbagger konnten sehr gut bei der Verlegung von Gas- und Wasserleitungen eingesetzt werden. 1967 hatte der Betrieb hierfür die DVGW-Zulassung bekommen.

Um das regionale Arbeitsgebiet zu erweitern, gründete Karl-Heinz Schaffarzyk 1968 in Weyhe-Leeste eine Zweigstelle. Auch von dort wurden die gleichen Arbeiten wie vom Stammsitz aus erledigt. In dieser Zeit begann dann auch der Bau von Tankstellen für die Mineralölgesellschaft Aral in Nordwestdeutschland.

Die Leitung dieser Zweigstelle wurde Herrn Hartwig Harms übertragen, der diese Aufgabe mehr als drei Jahrzehnte wahrnahm.

Umwandlung in eine GmbH & Co KG und Übergabe an den Schwiegersohn

Zum 80. Geburtstag des Firmengründers führte das Unternehmen eine zusätzliche Betriebsrente für langjährige Mitarbeiter ein. Aufgrund des stetigen Wachstums der Firma wurde dann auch 1971 die Umwandlung der Einzelfirma in eine GmbH & Co. KG vollzogen.

In diese Zeit fiel auch die Umstellung der Zahlungsweise für die Mitarbeiter. Bisher wurde der Lohn in einer Lohntüte bar ausgezahlt. Jetzt musste jeder Mitarbeiter ein Girokonto haben, auf das Ende des Monats eine Abschlagszahlung und Mitte des Folgemonats die Abrechnungssumme überwiesen wurde. Manche Ehefrau war erfreut, weil so mehr Geld zu Hause ankam und nicht auf dem Weg dorthin anderswo landete. Für die damalige Zeit war diese Zahlungsumstellung ein bemerkenswerter Schritt.

Schon vorher hatte Ernst Petershagen die Geschäftsführung an seinen Schwiegersohn Karl-Heinz Schaffarzyk übergeben und sich ins Privatleben zurückgezogen. Viel Zeit verbrachte er in seinem geliebten Garten. Aber nur noch 7 Jahre lang sollte er seinen Ruhestand genießen können. Am 16. Juli 1978 schloss der Firmengründer für immer seine Augen. Immerhin hatte er noch erleben dürfen, dass 1975 das 50jährige Firmenjubiläum im Hotel Thomsen gefeiert werden konnte.

Ernst Petershagen und Mitarbeiter 1975

Schon allein die große Zahl der Gratulanten aus den Stadtverwaltungen und Räten von Delmenhorst, Ganderkesee und Weyhe macht deutlich, dass die Firma zu einem regional wichtigen Betrieb aufgestiegen war. Dass Petershagen seinerzeit 370 Mitarbeitern, von denen jeder zum Jubeltag 50 Mark Sonderzahlung erhielt, sichere Arbeitsplätze bot, wurde in den Reden besonders hervorgehoben.

Auch in den nächsten Jahren wurden in den örtlichen Restaurants regelmäßig Firmenfeiern veranstaltet. Es wurde gekegelt, Tombolas wurden veranstaltet und insbesondere langjährige Mitarbeiter geehrt. Diese Veranstaltungen fanden bis in die 90er Jahre statt, als im Zuge der heftigen Baukrise drastische Sparmaßnahmen nötig wurden und freiwillige Aktivitäten gestrichen werden mussten.

Ehrung von Jubilaren, 1993

Tombolagewinne

Immer mehr Ingenieure übernehmen Aufgaben

Die wachsende Anzahl an Aufträgen in den verschiedenen Firmensparten und die zunehmende Technisierung der Arbeitsabläufe machte um diese Zeit vermehrt die Einstellung von Spezialisten erforderlich. Hatte Ernst Petershagen sich bis fast zuletzt noch um den Kabelbau gekümmert und Schwiegersohn Karl-Heinz Schaffarzyk sich grundlegend bei der ständigen Modernisierung aller Geschäftsbereiche ins Zeug gelegt, so brauchten beide doch immer mehr Unterstützung durch gut ausgebildete Ingenieure. Bereits 1959 hatte der Diplom-Ingenieur Jan Kellner als Bauleiter angefangen. Sein Aufgabenbereich wuchs, er wurde Kalkulator und zum Prokuristen ernannt. Neben anderen nahmen auch die Ingenieure Hartmut Hahlbom und Hans-Otto Lünzmann Ende der 60er Jahre ihre Tätigkeiten als Bauleiter auf. Unter vielen langjährigen Mitarbeitern war auch der Maschinist Friedrich Fastje, der als Radladerfahrer ebenfalls zum Firmenerfolg beitrug. Das Büro hatte seit 1963 seinen Sitz in der Mühlenstraße in unmittelbarer Nähe zum alten Büro und Wohnhaus.

Haus Mühlenstraße 112

Mit Bärbel Meyer wurde Anfang der 70er Jahre eine Mitarbeiterin eingestellt, die in den nächsten Jahren durch Einführung moderner Arbeitstechniken erheblichen Einfluss auf die Arbeitsabläufe im Büro ausüben sollte.

Der Umzug

Immer mehr Bagger ersetzten in immer größerem Maße die Schaufelarbeit in den folgenden Jahren, so dass die Mitarbeiterzahl in den 80er Jahren auf 250 schrumpfte. Und es wurde nötig, alle Betriebsstätten und auch die Werkstatt zusammen zu legen. Dazu wurde an der Straße „Hinter der Anker" von der Stadt Delmenhorst ein großes Areal erworben, großzügig bebaut und die Zentrale errichtet, in der sich noch heute der Firmensitz befindet. 1981 erfolgte der Umzug, und zwei Jahre später wurden dort auch auf einem weiteren Grundstück „Mineralstoffe (Steine, Abbruchmaterial und Geröll) gelagert und wieder aufgearbeitet bzw. recycelt" (Merle Nicolai, Nicht der letzte Stein, 2015). Damit hatte man auch ein Zeichen für die Nachhaltigkeit gesetzt. Seitdem werden jedes Jahr mehrere Tausend Tonnen ausgebauter Mineralstoffe der Wiederverwertung zugeführt.

1986 Der Enkel übernimmt die Firmenleitung

1981 war auch der Enkel des Firmengründers, Ernst Schaffarzyk, in die Firma eingetreten. Er hatte nach seinem Abitur und dem Dienst in der Bundeswehr seit 1972 studiert und schließlich als Diplom-Bauingenieur zwei Jahre lang in Fremdfirmen in England und Neumünster Erfahrungen gesammelt. Gleichzeitig mit ihm begann auch sein Schwager Bernd Nicolai bei Petershagen seine Laufbahn, die ihn bald zum kaufmännischen Leiter aufrücken ließ. Zudem war er für die gesamte Maschinentechnik verantwortlich. Ernst Schaffarzyk wuchs immer mehr in die Aufgabe eines technischen Vorstandes hinein und wurde 1986 Geschäftsführer. Vater Karl-Heinz litt an einer Herzkrankheit und zog sich immer mehr zurück, auch wenn er sein Büro noch lange Jahre behielt. Sein Interesse an den Abläufen und Ereignissen in „seiner" Firma erlosch nie. Er verstarb 2005.

Karl-Heinz Schaffarzyk

Krise und Überwindung

Von 1975 bis 1998 unterhielt die Firma auch in Ganderkesee eine kleinere Betriebsstätte und führte Aufträge in dieser Gemeinde aus. Daneben wurde der Rohrleitungsbau im Landkreis Oldenburg für die EWE und den Oldenburgisch-Ostfriesischen Wasserverband von hier aus gesteuert.

Finanzielle Einbußen brachte in den 1990er Jahren eine verfehlte Pflasterung des Busbahnhofs in Delmenhorst mit sich, da Ersatzzahlungen an die Stadt Delmenhorst zu leisten waren.

Seit dem Beginn des neuen Jahrtausends setzte eine Beschäftigungskrise ein, die letztlich viele Jahre andauern sollte. Grund dafür waren, wie Geschäftsführer Ernst Schaffarzyk in einem Schreiben den Mitarbeitern im Jahre 2002 mitteilte, „die finanzielle Schwäche von Bund, Ländern und Kommunen als klassische Auftraggeber des Straßenbaus und ein ruinöser Wettbewerb". Man sei gezwungen gewesen, die Anstrengungen zu Kostensenkungen zu intensivieren. Allerdings konnte der Beschäftigungsstand nicht aufrechterhalten werden. Man musste zu Entlassungen schreiten, ja 2002 sogar der Belegschaft abverlangen, auf damals anstehende Lohnerhöhungen zu verzichten. In diesen Jahren dehnte man aber auch die Arbeitsfelder aus. Alte Telefonhäuschen wurden abgebaut und sogar im Auftrag der Telekom Aufträge auf der doch weit entfernten Insel Neuwerk erledigt. Dabei mussten noch einmal Pferdewagen eingesetzt werden, um über das Watt zu kommen.

Der Tankstellenbau hatte immer größeren Umfang angenommen. Kleine und kleinste Aufträge im gesamten Nordwesten wurden abgearbeitet.

Auch am Ort konnten wieder neue Bauaufträge generiert werden. Petershagen sanierte damals die Straßen um die Stadtkirche herum. Und die Zusammenarbeit mit der Telekom und den Stadtwerken half die Lage zu stabilisieren. Kurzum: Der Betonbau, z.B. Brückenbau, der vermehrte Bau von Gas- und Wasserleitungen, die Verlegung von Stromkabeln sowie die Errichtung von Stromtankstellen an Autobahnen, trugen endgültig zur Überwindung der Krise bei.

Schwierig gestaltete sich zunehmend auch die Ausbildung und Anwerbung von Fachkräften. Hatten noch in den 70er und 80er Jahren Kolonnen aus Ostfriesland täglich den weiten Weg an die Delme nicht gescheut, so blieben diese aus, als sich die Beschäftigungssituation dort verbesserte. Den zunehmenden Anforderungen im Straßenbau durch den Betrieb hochtechnischer Maschinen, zu dem auch PE-Schweißtechniken im Rohrleitungsbau gehören, waren viele Schulabsolventen nicht mehr gewachsen.

Denn die Zeiten, wo Einsatzwillen und Körperkraft genügten, gehörten längst der Vergangenheit an. Nach der Jahrtausendwende wurde es immer schwieriger,

DK 18.05.05

Straßenbauer suchen qualifizierten Nachwuchs

„Das muss man erst einmal können!". Ernst Schaffarzyk (rechts), Geschäftsführer der Straßen-, Kanal- und Rohrleitungsbaufirma Ernst Petershagen, erläuterte während des Rundgangs über das Firmengelände gegenüber den Mitgliedern der Arbeitsgemeinschaft Schule / Wirtschaft die unterschiedlichen Materialien, die die Firma verbaut. Während des gesamten Nachmittags wurde deutlich, dass auch im Straßenbau die Zeiten der ungelernten Hilfsarbeiter vorbei ist. Tatsächlich klagt die Firma über einen Mangel an qualifiziertem Nachwuchs. **Seite 3**/FOTO: TAMMO ERNST

Qualifizierter Nachwuchs gesucht

passable Auszubildende zu finden, weil vor allem in der Hauptschule immer mehr Schüler erhebliche Lern- und Verhaltensdefizite aufwiesen. Dennoch ist es bis heute gelungen, etwa den Anteil von zehn Prozent Lehrlingen innerhalb der Belegschaft zu erhalten, die aus dem Gebiet von Gnarrenburg im Norden, Rotenburg/Wümme im Osten, Rastede im Westen und Nienburg im Süden stammt. Viele Mitarbeiter sind jahrzehntelang bei EPD beschäftigt. Beispielhaft seien Recki Ahlers, Horst de Groot und Thomas Müller erwähnt. De Groot und Müller haben bei Petershagen ihre Lehre absolviert und waren über 50 Jahre im Betrieb tätig. Recki Ahlers war über 40 Jahre im Straßenbau tätig und in den letzten Jahren zusätzlich in verantwortlicher Position im Winterdienst. Das Räumen von Schnee und das Abstreuen von Geh- und Radwegen für die Stadt Delmenhorst und einige Privatkunden gehört ebenfalls seit Jahrzehnten zum Aufgabengebiet der Firma und zählt für manche Mitarbeiter in den Wintermonaten zu einer gern ausgeführten Aufgabe.

Ein schwerer Schlag für die Firmenleitung war der frühe Tod des kaufmännischen Leiters und Prokuristen Bernd Nicolai im Jahre 2012. Als Ehemann der Gesellschafterin Ilse Schaffarzyk-Nicolai gehörte er auch der Familie an. Sein Tod riss eine große Lücke auf.

Bernd Nicolai

Das Fehlen von Bernd Nicolai hatte zur Folge, dass sich Ernst Schaffarzyk jetzt vermehrt um die kaufmännische Leitung des Betriebes kümmerte. Er gab somit die Verantwortung für den technischen Bereich allmählich an ehrgeizige Mitarbeiter weiter, die sich mit den Jahren bewährt hatten.

Einer von ihnen war Marcus Hennig, der nach seinem Abitur und Abschluss des Studiums des Bau-Ingenieurwesens in Hannover mit dem Diplom 1998 in mittelständischen Firmen tätig war, bevor er 2005 als Bauleiter zu EPD kam. Nach der Übernahme der Verantwortung als Niederlassungsleiter in Weyhe-Leeste und der Tätigkeit als Abteilungsleiter für den Straßen- und Kanalbau in der gesamten Firma war die Tätigkeit als Prokurist die logische Folge. Er übernahm die technische Gesamtleitung. An der Überwindung der viele Jahre anhaltenden Baukrise hatte für EPD auch Marcus Hennig großen Anteil, indem er neue Geschäftsfelder akquirierte, die Firma konsolidierte und mit Blick auf

Ernst Schaffarzyk

die Zukunft begann, Umstrukturierungsmaßnahmen durchzuführen. Nach dem Ausscheiden von Ernst Schaffarzyk als langjährigem alleinigen Geschäftsführer übernahm er zusammen mit dem Urenkel des Firmengründers, Tim Schaffarzyk, die Gesamtverantwortung.

Die Geschäftsführer Marcus Hennig und Tim Schaffarzyk

Insbesondere ist Marcus Hennig für das komplette operative Geschäft verantwortlich. Von der Auftragsbeschaffung über die Bauvorbereitung, den Materialeinkauf, die Baudurchführung und -abrechnung sind viele Schritte nötig, um die Kunden zufrieden zu stellen.

Tim Schaffarzyk beendete im Jahre 2011 das Studium des Wirtschaftsingenieurwesens in Karlsruhe mit dem Diplom-Abschluss. Nach ersten Erfahrungen im Projektmanagement in bundesweit tätigen Firmen begann er seine Tätigkeit bei Petershagen im September 2014, übernahm mit der Zeit immer mehr Verantwortung und ist jetzt mit Marcus Hennig als Geschäftsführer tätig.
Seine wesentlichen Arbeitsbereiche sind die kaufmännischen Themen, die Organisation und Entwicklung der IT und die Verantwortung für den umfangreichen Maschinenpark. Seiner Initiative ist es zu verdanken, dass mit der Errichtung von vier Photovoltaik-Anlagen auf firmeneigenen Gebäuden ein weiteres Zeichen für Nachhaltigkeit gesetzt wurde.

Das Führungsteam stellt sich nun den heutigen, vielfältigen Aufgaben. Diese Aufgaben können nur mit einer engagierten, eingespielten Mitarbeiterschaft durchgeführt werden, auf die die Firma mit Stolz schauen kann. Dazu gehören neben den Abteilungsleitern Sandra Kaupat, Jens Berensen und Peter Lippert viele weitere Mitarbeiter wie Bauleiter, Zeichner, Kaufleute und die Fachleute auf den Baustellen. Ihnen gebührt ein hohes Maß an Wertschätzung.

Die Zukunft

Die Zukunftsaussichten schätzen die beiden Geschäftsführer als herausfordernd, aber gut ein. Es besteht kontinuierlicher Bedarf an Investitionen in die Infrastruktur (Straßen, Versorgungsleitungen und Kanäle). Im Zuge der Energiewende und Mobilitätswende und der damit einhergehenden Abkehr von fossilen Brennstoffen können sich neue Aufgabengebiete entwickeln (Fernwärme, Stromtrassen, Elektroladesäulen). In den Bereichen Elektromobilität und Wärme-und Energieversorgung sind erhebliche Investitionen notwendig, um die Energiewende zu beschleunigen. Die Bedeutung des Kabelbaus wird zunehmen, der Gasleitungsbau wird abnehmen. Die Technik zur Abarbeitung unserer Kerntätigkeiten wird sich weiter entwickeln. Digitalisierung, Nachhaltigkeit und Klimaneutralität werden also weiterhin eine große Rolle spielen.

Dennoch wird der Straßen- und Tiefbau in allen seinen Facetten auch zukünftig mit schwerem Gerät und menschlicher Arbeit (z.B. Handschachtung, Herstellung von Rohr- und Kabelverbindungen) verbunden sein. Insbesondere bei der Wartung und Reparatur von Geräten und Baumaschinen wird die Digitalisierung noch manche Verbesserungsmöglichkeit bieten. Der Betrieb von batterie-elektrisch oder hybrid angetriebenen Fahrzeugen ist schon heute Selbstverständlichkeit. Der Einsatz batterie-elektrisch angetriebener Kleingeräte wie z.B. Verdichter oder Mini-Bagger kommt allmählich aus den „Kinderschuhen" heraus. Erste Versuche mit elektrisch getriebenen kleinen Radladern sind vielversprechend.

Die Firma Petershagen sieht sich für die zukünftigen Aufgaben gut gerüstet. Die Fortbildung der Mitarbeiter und Investitionen in Geräte und Fahrzeuge werden weiterhin von großer Bedeutung sein.

Mit guten Mitarbeitern und einer klaren Führung wird Petershagen wettbewerbsfähig und vielen Familien ein guter Arbeitgeber bleiben.

Dank

Als ehemaliger Geschäftsführer, der die Entstehung dieser Schrift eng begleitet hat, möchte ich einige Worte des Dankes hinzufügen.

Für die Ausarbeitung der Chronik möchte ich mich bei Herrn Paul Wilhelm Glöckner bedanken.

Frau Dr. Hoffmann als erste Vorsitzende des Heimatvereines Delmenhorst hat in vielen Stunden den Feinschliff für die Drucklegung geleistet.

Dafür vielen, vielen Dank.

Die Leistungen dieser Firma wären nicht möglich gewesen ohne ihre Mitarbeiter. Viele Hundert Männer und Frauen haben seit 1925 geplant und gerechnet, Bauwerke errichtet, Rohrleitungen aller Art verlegt und vieles mehr. Dafür gebührt allen ein großer Dank.

Nur aufgrund ihres Mitwirkens ist es gelungen, die Firma durch viele Hochs und Tiefs zu führen sowie Krisen zu überwinden. Nur aufgrund ihres Mitwirkens können wir jetzt stolz von 100 Jahren Firmengeschichte berichten. Ich bin sicher, dass die jetzige Führungsmannschaft zusammen mit allen Mitarbeitern die Herausforderungen der Zukunft fest im Blick hat und wir demnächst weitere Kapitel der Chronik der Fa Ernst Petershagen GmbH&Co.KG schreiben können.

Ernst Schaffarzyk

Innenansichten

In mehreren Audio-Interviews haben einige führende Mitarbeiterinnen und Mitarbeiter über ihre Tätigkeit berichtet. Durch deren Wiedergabe werden Innenansichten des Betriebes verdeutlicht.

Bärbel Meyer

Als Bärbel Meyer im Dezember 1972 ihre Arbeit im Büro an der Mühlenstraße 112 begann, fand sie dort einen „eingeschlafenen" Betrieb vor. Der Neffe des Firmengründers Kurt Petershagen war für die Buchführung zuständig, zwei weitere Mitarbeiterinnen, die die Neue zunächst argwöhnisch beobachteten, trugen zu der dort vorhandenen „Familienatmosphäre" bei. Es gab keinen Posteingangsstempel, und Frau Meyer nahm an einem Tisch Platz, der noch aus der Gastwirtschaft stammte. Durch ihre Initiative aber wurde bald alles anders und moderner, zumal sich Karl-Heinz Schaffarzyk aufgeschlossen für alle ihre Vorschläge zeigte. „Der war dynamisch und bald für alles zuständig".

Auch gab es jetzt Weihnachtsfeiern. Es wurden Kohlfahrten gemacht und später auch noch Partys im Hause Schaffarzyk. Das trug wesentlich zu einer innerbetrieblichen Verbundenheit bei. Die Firma entwickelte sich immer mehr zu einem Großbetrieb, und die Räume wurden zu klein. Doch der Umzug des Betriebes in die große Anlage „Hinter der Anker" im Herbst 1981 schaffte Abhilfe. Nun gab es für alle Bereiche ausreichend große Räume. Und als schließlich die Computerisierung einsetzte, konnte man sich dieser nach einigem Zögern auch nicht verschließen. Eine Firma aus dem Raum Hannover führte die Einweisung an den Rechnern durch, wobei den Lernwilligen allerdings verdeutlicht wurde, wer über 40 Jahre alt sei, könne das sowieso nicht mehr begreifen. Doch es gelang trotzdem.

Bärbel Meyer beklagt allerdings, dass der Ausbau der Maschinen und Geräte bei den Investitionen immer bevorzugt wurde. „Es war leichter bei Petershagen einen Bagger als eine Schreibmaschine zu bestellen".

Hartmut Hahlbom

Hartmut Hahlbom ist von 1968 bis 2003 bei Petershagen beschäftigt gewesen. Seine Einstellung in die Firma war recht unproblematisch. Nach einem Gespräch mit Karl-Heinz Schaffarzyk wurde er per Handschlag in die Firma als Bauleiter aufgenommen.

Sein erster Großauftrag ist der Ausbau der Berliner Straße gewesen. Ab 1995 hat er sich dann mit der Angebotskalkulation beschäftigt. Ein großer Anteil seines Arbeitslebens aber ist für ihn der Abbruch von Häusern gewesen. In den 70er und 80er Jahren wurden ganze Straßenzüge im Auftrag der Stadt in der Stedinger- und Orthstraße abgebrochen, auch Häuser in der Bismarckstraße und das Krankenhaus auf der Burginsel. Berührt hat ihn der Substanzverlust der Stadt dabei kaum. „Nur als wir die alte Hackfeldsche Villa oder ein strohgedecktes Haus an der Baumstraße entfernten, ist mir nicht ganz so wohl dabei gewesen". Damals hat Petershagen das Stadtbild erheblich verändert, damit neue Hochbauten entstehen konnten.

Hans-Otto Lünzmann

Hans-Otto Lünzmann hat Erinnerungen niedergeschrieben, aus denen zitiert wird: „Wie kam das Arbeitsverhältnis zustande? Es muss so im Januar 1969 gewesen sein. Von meinem ehemaligen Studienkollegen Hartmut Hahlbom wurde ich angerufen und gefragt, ob ich mir vorstellen könnte, als Bauleiter im Tiefbau zu arbeiten. Diese Frage habe ich positiv beantwortet. Denn die Firma Petershagen, in der er tätig war, suchte einen Bauleiter für den Tiefbau. Daraufhin habe ich einen Termin für ein Vorstellungsgespräch beim Chef der Firma Petershagen, Herrn Karl-Heinz Schaffarzyk, vereinbart. Aufgrund dieses Gespräches wurde ich zum 1.3.1969 eingestellt. Weder eine schriftliche Bewerbung noch irgendwelche Zeugnisse waren erforderlich. Für Herrn Schaffarzyk war es wichtig, dass ich eine handwerkliche Ausbildung abgeschlossen hatte und die hatte ich, denn ich habe das Maurerhandwerk erlernt und anschließend das Studium zum Bauingenieur abgeschlossen. Kurz nach der Einstellung wurde ich schon mit der Leitung von Baustellen betraut, das heißt, ich wurde sofort ins kalte Wasser geworfen. Mein erster Vorarbeiter, Bernd Nürnberger, war ein langjähriger Polier, der kurz vor der Rente stand und Betriebsratsvorsitzender war. Beim ersten Gespräch meinte er: „Ich empfehle dir, lass es uns erst einmal so weiter machen, wie wir das bisher gemacht haben. Später kannst du dann Akzente setzen". So habe ich es auch gemacht und bin gut damit gefahren. Ehrlich gesagt, hatte ich vom Stadtstraßenbau auch keine praktischen Erfahrungen, sondern nur theoretische Kenntnisse.

Besondere Herausforderungen: Es war im Jahr 1971. Von der Stadt Delmenhorst erhielten wir den Auftrag für den Bau der Verlängerung der Wittekindstraße. In einem Teilbereich befand sich ein Friedhof, auf dem die gesetzlichen Ruhezeiten abgelaufen waren. Der Auftrag beinhaltete auch das Umbetten der noch vorhandenen Gebeine. Für mich als jungen Bauleiter war das eine große Herausforderung. Bei diesen Arbeiten mussten der Bauaufseher der Stadt und ich immer anwesend sein. Zusammen mit einem Beerdigungsinstitut haben wir die Arbeiten ausgeführt. Auf dem Friedhof befanden sich gemauerte Gruften und eingemauerte Zinksärge, die auch entfernt werden mussten.

Nicht alltägliche Vorkommnisse. In den 90er Jahren hatten wir eine Baustelle in der Bremer Straße. Eines Morgens stand bei Arbeitsbeginn ein PKW in der ca. einen Meter tief ausgekofferten und vorschriftsmäßig abgesperrten Fläche. Der PKW kam ohne fremde Hilfe nicht mehr heraus. Begründung der Fahrerin: „Gestern Morgen konnte ich aber hier noch durchfahren".

Baustelle Neue Heimat Wollepark. Bei der Ausführung der Auskofferungsarbeiten hatten wir zwei Planierraupen im Einsatz. Eines Tages rief die örtliche Bauleitung unseres Auftragsgebers besorgt in unserer Firma an. Der Anrufer hatte die Befürchtung, dass die Raupen von der sehr steil angelegten Bodenmiete herunterrutschen können. Daraufhin habe ich die Baustelle aufgesucht und versucht mit den Fahrern Kontakt aufzunehmen. Von weitem sah ich schon, dass die Fahrer alkoholisiert waren. Diese lehnten auch ein Gespräch mit mir ab. Anschließend bin ich mit meinem Chef zur Baustelle gefahren. Von weitem riefen die Raupenfahrer schon zum Chef: „Heute reden wir nicht mir dir. Kannst morgen wiederkommen". Am nächsten Tag haben sich die beiden für ihr Verhalten bei mir entschuldigt. Auf dieser Baustelle haben wir bei Auskofferungsarbeiten eine Phosphorbombe aus dem letzten Krieg freigelegt. Das Gelände ringsherum wurde daraufhin abgesperrt. Die Bombe wurde dann vom Bombenräumkommando aus Hannover abgeholt und entsorgt.

Das Großprojekt Neue Heimat. Ab 1969 wurden im Wollepark ca. 1.000 Wohnungen von der Neuen Heimat gebaut. Die Firma Petershagen führte in den Jahren 1969 bis 1979 bei dem Bauvorhaben Arbeit im Wert von mehreren Millionen DM aus. Es begann mit dem Fällen vieler Bäume und der Anlegung von Baustraßen und Erdarbeiten für die Wohnblöcke. Da die Bebauung zum Teil sehr dicht an der Delme lag, musste das Grundwasser für die Durchführung der Erdarbeiten mehrere Meter abgesenkt werden. Die hierfür erforderlichen Tiefbrunnen wurden von uns installiert und betrieben. Der Stromverbrauch war natürlich sehr hoch. Es hatte zur Folge, dass ich von unserem kaufmännischen Leiter um Rücksprache gebeten wurde, ob eine vorliegende Stromrechnung über 6.000 DM korrekt sei. Eine Grundsteinlegung fand Anfang der 70er Jahre mit Bundesbauminister Karl Ravens statt.

Häufig von mir betreute Auftraggeber: Tiefbauamt der Stadt Delmenhorst, Gartenamt der Stadt Delmenhorst, Neue Heimat Bremen, Wohnungsbau Niedersachsen Hannover, Inkoop Delmenhorst, Interhomes Bremen, Staatshochbauamt Oldenburg, Delbus Delmenhorst, Gemeinde Ganderkesee, Gemeinde Lemwerder, Firma Roggemann Bremen, Firma Acmos Tietjen und Co. Bremen, Architekt Gutzeit Delmenhorst, Nileg Hannover, Architekt Beckmann Delmenhorst, Vandre Bau Bremen, Firma Goldenstedt, Delmenhorst, Plusbau Bremen, Firma Kaefer Bremen, DLW Delmenhost, Straßenbauamt Oldenburg, Firma Wessel Bremen, Evangelische Kirche Delmenhorst und diverse Ingenieur-Büros.

Durchführung von großen Objekten. 1975 die Erschließung des Plaggenweges, Ganderkesee Heide II. 1977 folgte die Erschließung des Seeparks Ottersberg, 1978 Ausbau der Koppelstraße und ab 1980 die Nordumgehung Delmenhorst. Drei Jahre später der Ausbau Bremer Straße. 1992 kam die Bahnhofstraße Delmenhorst an die Reihe, (als Dank für die gute Arbeit der Firma Petershagen haben die Geschäftsleute der Bahnhofstraße ein großes Straßenfest mit Unterhaltungsprogramm für die Mitarbeiter und die Anlieger organisiert). 1992 arbeitete man im Baugebiet Briseck in Stuhr. 1989 bis 1993 Erschließung Hainbuchenring/Zedernring in Ganderkesee.

Traditionelle Veranstaltungen der Firma Petershagen. Jubiläumsfeiern für langjährige Mitarbeiterinnen und Mitarbeiter mit Ehrungen und Geselligkeit wie Kegeln und Tombola wurden regelmäßig durchgeführt. Jährlich fand für die Bauleiter ein Preisskat im Dezember statt. Das 50. und 75. Firmenjubiläum wurden begangen. Eine jährliche Weihnachtsfeier gab es für die Büroangestellten, sowie eine Fahrradtour. Die Firma hat auch die Weihnachtsessen für die einzelnen Kolonnen bezahlt. Bei Umzügen von Kolleginnen und Kollegen wurde ein Stühlerücken in der neuen Wohnung möglichst überraschend organisiert. An Polterabenden wurden die Kolleginnen und Kollegen eingeladen.

Bei „Runden Geburtstagen" wurden vom Jubilar Kuchen oder Brötchen im Büro ausgegeben. Auch die Betriebsrentenzusage nach zehnjähriger Betriebszugehörigkeit, die der Firmengründer eingeführt hatte, war eine dankenswerte soziale Leistung.

Besonderheiten. Arbeiten an Bahnübergängen und Eisenbahnbrücken. Die Tiefbauarbeiten bei laufendem Zugverkehr waren trotz Streckenposten der Bahn immer sehr belastend.

Jan Kellner

Auch Jan Kellner hatte zunächst vor seinem Studium eine Maurerlehre absolviert, bevor er 1959 bei Petershagen anfing. Zunächst war er Bauleiter und rückte später zum Kalkulator und Prokuristen auf. Er erinnerte sich insbesondere noch an die Erschließungsarbeiten für den Campingplatz am Falkensteinsee in Ganderkesee. Mit seiner Tätigkeit war er sehr zufrieden, weil man mit „Karl-Heinz Schaffarzyk durch dick und dünn gehen konnte".

Hartwig Harms

Der Ingenieur und vorherige Tiefbautechniker Hartwig Harms war seit 1968 zunächst in Delmenhorst, dann aber bald schon beim Aufbau der Zweigstelle Leeste entscheidend mitbeteiligt. Aus einer Holzbude ist dort 1970 ein Bürohaus mit zwei Wohnungen für Mitarbeiter entstanden, wovon zunächst nur mit einer Steinsetzer-Kolonne aus Delmenhorst die Arbeit aufgenommen wurde. Auch ging man gleich zum Kanalbau über. Als die Aral AG Kunde wurde, erweiterte sich das Arbeitsgebiet im Tankstellenbau über ganz Norddeutschland. Zunächst nur mit Baggern und Trecker ausgestattet, gab es noch einen Engpass an Radladern. Diese mussten anfangs immer noch von Delmenhorst angefahren werden, bevor dann auch Leeste eigene Maschinen bekam. Als 1969 eine Hochbaufirma in Brinkum in Insolvenz ging, übernahm man von dort Mitarbeiter, die als Maurer mitwirken konnten. Auf schließlich 50 Arbeitskräfte angewachsen, hat man eigenständig manchen Kirchweg in der Region gepflastert, die Kreuzung der L 335 in Leeste ausgebaut oder auch in Delmenhorst mehrere Brücken erstellt. Für die Wasserleitungen der Gemeinde Leeste und des Umlandes ist der Betrieb im Auftrage der Wasserversorgung

Syker Vorgeest bis heute zuständig geblieben, aber Harms hat sich auch nicht gescheut, Aufträge in Ostfriesland (Fernsehturm), Bochum, Hamburg und sogar in Berlin zu akquirieren und auszuführen.

Friedrich Fastje

Friedrich Fastje wird als exzellenter Maschinist beschrieben, der zunächst als Raupenfahrer begann, dann auch in einer Kolonne mitarbeitete und anschließend Mitarbeiter mit dem VW-Bus zu deren Arbeitsstellen gefahren hat. Als dann 1963/64 die ersten Radlader angeschafft wurden, die schließlich die Raupen verdrängen sollten, sattelte er auf diese Baumaschinen um. Deren Einsatz hat auch die Kolonnenstärke („vorher 10 Mann, nachher 3 Leute") erheblich verändert. Gut gefallen hat ihm der kameradschaftliche Ton, den er gleich im Betrieb vorgefunden hatte, sogar die Bauleiter und Chefs wurden geduzt. Er ist auch an den Brückenbauten in Delmenhorst, unter anderem am Bach Pultern beteiligt gewesen. Bemerkenswert für ihn war es auch, dass die Firma weitgehend auf den Einsatz von Fremdfirmen verzichtete. „Karl-Heinz Schaffarzyk war immer die treibende Kraft, der scheute vor keiner Herausforderung zurück". So war Fastje dabei, als Wanderwege an der Delme angelegt, Fa. Klingele und Fa. Christoffers ihre Firmengelände erweiterten oder neu errichteten oder Erd- und Straßenausbauarbeiten für die Firma Goldenstedt zu leisten waren. Auch an den umfangreichen Erdarbeiten und den Grundwassersenkungen beim Bau des Wolleparks sowie der Zerkleinerung eines Weltkriegsbunkers ist er beteiligt gewesen.

Heinrich Brümmer

Der spätere Vorarbeiter Heinrich Brümmer stieß 1969 zur Firma Petershagen und wurde ohne Lehre gleich beim Kanalbau in Heide eingesetzt. Sie waren sieben Mann und ein Kalfaktor in der Kolonne, aßen in den Pausen in einer Holzbude ihr mitgebrachtes Essen. Um sieben Uhr wurde begonnen, um 17 Uhr war Schluss. Dazwischen lagen 15 Minuten Frühstück und eine halbe Stunde Mittagszeit. In ganz Heide wurden zwei Jahre lang Rohre verlegt und der See beim Bauern Twietmeyer ausgehoben. Auch das Schweißen hat er erlernt, denn alle Verbindungen an den Stahlrohren mussten derartig hergestellt werden. Schon nach zwei Jahren ist er zum Vorarbeiter aufgestiegen und war dann für den Gas- und Wasserleitungsbau bei den Stadtwerken eingesetzt. Mit dem Firmengründer hat er noch gemeinsam Kabel gezogen und sich darüber gefreut, dass dieser ihm schon als Neuling gleich die Duzfreundschaft angeboten hat. Bis 1971 musste er auch noch die Lohntüten am Wochenende an seine Kolonnenmitglieder austeilen, bevor alle Mitarbeiter ein Konto eröffneten. Als Vorarbeiter oblag ihm darüber hinaus auch die Erstellung von Tagesberichten. Seine Gummistiefel hatte er immer am Bett stehen, denn er ist auch öfters des Nachts bei Schäden an den Leitungen alarmiert worden.

Epilog

Die einhundertjährige Historie der Firma Petershagen ist von der Geschichte der Familie nicht zu trennen. Angehörigen aus vier Generationen gelang es, aus einem Handwerksbetrieb ein großes Unternehmen aufzubauen. Wechselvolle Zeiten, ja Krisen konnten überwunden werden, wozu immer ein fester Mitarbeiterstamm seinen Anteil beitrug. Der familiäre Ton, der noch heute in der Firma vorherrscht, hat dabei sehr zum Erfolg des Unternehmens beigetragen.

Ich möchte allen Firmenangehörigen danken, die mir Material über die Entwicklungsgeschichte zur Verfügung gestellt haben, besonders Ernst Schaffarzyk und darüber hinaus auch Sönke Ehmen, dem stellvertretenden Vorsitzenden des Heimatvereins Delmenhorst, für fünf Interviews. Die Interviewten wurden wegen ihrer herausragenden Tätigkeiten ausgewählt, womit allerdings der Einsatz der vielen anderen Mitarbeiter nicht geschmälert werden soll.

Möge sich die Firma Ernst Petershagen auch zukünftig ihren prägenden Einfluss auf die regionale Entwicklung der Bauwirtschaft in den vielen Facetten des Tief- und Straßenbaues erhalten können.

Glückauf!
Paul Wilhelm Glöckner

Zum Autor

Paul Wilhelm Glöckner ist Diplompädagoge, Lehrer und Autor zahlreicher Veröffentlichungen (Bücher und Aufsätze) zur Lokal- und Regionalgeschichte und zur Friedensforschung.

Die Redaktion hatten Ernst Schaffarzyk, ehemaliger Geschäftsführer,
und Dr. Herta Hoffmann, Vorsitzende des Heimatvereins e.V.

Die Fotos entstammen dem Firmenarchiv der Firma Petershagen, außer Bild 18 und 18a (Archiv „Gerflor DLW GmbH“).

Literaturhinweise:

Paul Wilhelm Glöckner: Delmenhorst unter dem Hakenkreuz – 1933 bis 1945 – Die braunen Jahre in einer Mittelstadt, Oldenburg 2001.

Paul Wilhelm Glöckner: Ein Sozialdemokrat auch in schwierigen Zeiten. Lebensbilder (174): Ernst Hinrich Petershagen (1890-1978), in: Delmenhorster Kreisblatt, Beilage von Hus un Heimat, 10. Februar 2007.

Edgar Grundig: Geschichte der Stadt Delmenhorst (Digitalisat auf der Homepage der Stadt Delmenhorst).

Heinz Marcinkowski: Die Firma Petershagen, in: Delmenhorster Kreisblatt, Beilage von Hus un Heimat, fünf Folgen, Juli 2007.

Heinz Marcinkowski: Die Stunden des Überlebenskampfes nie vergessen. Lebensbilder (183): Karl-Heinz Schaffarzyk (1923-2005) – Straßenbauunternehmer und Förderer des Schachsports, in: Delmenhorster Kreisblatt, Beilage von Hus un Heimat, 14. April 2007.

Merle Nicolai (Urenkelin des Firmengründers): Erinnerungen an die Firmengeschichte der Straßen- und Tiefbaufirma Ernst Petershagen, 2014.

Merle Nicolai: Nicht der letzte Stein. Das Familienunternehmen Ernst Petershagen, in: Delmenhorster Heimatjahrbuch 2015. Herausgegeben vom Heimatverein Delmenhorst e.V., Berlin, 2015. S. 52-55.

Ernst Petershagen: Aus persönlichen Erinnerungen, aufgeschrieben anlässlich des 50. Firmengeburtstages im April 1975.

Franz-Reinhard Ruppert: Linoleum aus Delmenhorst. Bilder, Dokumente und Nachrichten von den Delmenhorster Linoleumwerken, Oldenburg 2024.

Das Betriebsgelände in Delmenhorst

Das Betriebsgelände in Weyhe-Leeste